KB161348

# 팀장의 감정 사전

# 팀장의 감정 사전


| | |
|---|---|
| **초판 1쇄 인쇄** | 2023년 7월 12일 |
| **초판 1쇄 발행** | 2023년 7월 17일 |
| **지은이** | 김연의 |
| **기획** | 이유림 |
| **편집** | 지은정 |
| **마케팅 총괄** | 임동건 |
| **마케팅** | 안보라 |
| **경영지원** | 임정혁, 이순미 |
| **펴낸이** | 최익성 |
| **펴낸 곳** | 플랜비디자인 |
| **디자인** | 페이퍼컷 장상호 |
| **출판등록** | 제2016-000001호 |
| **주소** | 경기도 화성시 동탄첨단산업1로 27 동탄IX타워 A동 3210호 |
| **전화** | 031-8050-0508 |
| **팩스** | 02-2179-8994 |
| **이메일** | planbdesigncompany@gmail.com |

ISBN 979-11-6832-063-5 03320

# 팀장의 감정 사전

실무는 고수지만
조직 관리는 초보인

김연의 지음

요즘 팀장을
위한
마음 리더십

## 프롤로그

'팀장은 이래야 돼.'를 배우려고 수도 없이 책을 찾아 읽었다. 제목만으로도 힘이 되는 『처음 리더가 된 당신에게(박태현 저)』에는 리더가 되자마자 생각해야 하는 섬세한 매뉴얼이 담겨 있었고, 『훌륭한 관리자의 평범한 습관들(필립 델브스 브러턴 저)』은 '조직을 관리하고 사람을 책임지는' 멋진 일을 과연 어떻게 해 나가야 하는지에 대해 설명한 교과서였다. 또한 브레네 브라운의 『리더의 용기』를 통해 약한 모습을 드러내는 용기 있는 리더가 되어야 한다는 걸 배웠고, 『팀장으로 산다는 건(김진영 저)』을 읽으며 현실 팀장들이 고민하는 문제들에 대해 조금 감이 잡히기도 했다. 이 밖에도 팀장의 역할과 자질에 관한 책과 강연, 아티클은 정말 많았다. 너무 많아서 문제였다. 읽으면 읽을수록, 공부를 하면 할수록 급체한 듯 답답했다. 배운 대로 뭔가 해 보고 싶은데, 소화가 안 돼서 그대로 얹혀 있는 느낌이랄까. 어려웠다. 적절한 위임과 공정한 평가와 함께 성과는 내야 하고, 상사의 뜻도 헤아려야 하는데, 그중에서도 가장 중요한 건 스스로 지치지 않아야 했다. 바로 이것이 수많은 리더십 책을 보면서 오히려 절망한 이유였다. 해 보기도 전에 벌써 지쳐버린 것이다. 잘하려고 하면 할수록, 책에 나오는 대로 해 보겠다고 팔을 걷어붙일수록 이상하게 더 엉망이 되었다. 팀원들은 내 마음 같지 않았고, 내 노력을 몰라주는 상사는 야속했다. 주변에 딱히 의지할 곳도 없었다. 그래서 또 책을 찾았고, 책 속 이상과 현실의 괴리 속에서 좌절하는 일상이 반복되었다.

매일 새로운 해가 떠오르고 팀장의 하루는 이미 시작되었기에 넋두리할 시간도, 공부하며 준비할 시간도 없었다. 혼자서 좌충우돌, 고군분투하면서도 팀원들에게는 괜찮아 보여야 했다. 팀장은 그래야 할 것 같았다. 아침마다 리셋하는 마음으로 스스로에게 물었다. '기분이 어떤지' '뭐가 불안한지' '어떻게 하고 싶은지' 블로그나 메모장을 열어 끄적거리고 나면 아주 조금은 괜찮아졌다. 슈퍼 파워까지는 아니어도 최소한 그날 하루치만큼은 힘이 생겼다. 팀장으로서 어떻게 말하고 행동하고 생각해야 하는지, 희미하게나마 생각이 정리되는 듯했다. 매일매일 생각의 조각들을 조금씩 모았더니 어떤 종류의 일을 겪으면 어떤 감정을 느낀다는 일종의 레퍼토리가 생겼다.

팀장으로서 처음 마주하는 일들에 정신을 못 차렸던 1~2년간, 내 감정은 주로 당혹감과 두려움에 사로잡혀 있었다. 그것은 실무자로서의 성공 방정식이 깨지면서 겪는 성장통이었고, 잘하고 싶은 욕심이 과해서 느끼는 좌절이었으며, 대부분의 경우에는 용기가 부족한 탓이었다. 그리고 비슷한 시기에 팀장이 된 동료와 후배, 다른 회사에서 팀장을 하는 친구의 이야기를 들었을 때 그들 역시 별반 다르지 않음을 알고 큰 위로를 얻었다.

스스로를 다독이며 적었던 기록을 세상에 꺼내 놓기로 마음먹은 것도 그 이유였다. 내 짧은 경험치로 엄청난 지혜와 노하우를 전할 수는 없겠지만, 처음 팀장 생활에 적응하는 과정에서 겪을 수밖에 없는 감정의 레퍼토리와 그때마다 조금 더 '팀장다워지기 위해' 노력했던 고민의 흔적을 나누는 건 의미가 있을 것 같았다. 팀장이 되면 해야 할 일들의 리스트업도 중요하지만 팀장이 되었을 때 느낄 감정과 마음의 준비 또한 필요하니 말이다. 아무것도 모르고 갑자기 맞닥뜨리는 것보다는 그래도 대충 '이런 일이 있겠구나.' '이럴 때는 이런 감정의 파도를 대비해야겠구나.' 하고 만나면 좀 나을 수도 있다. 최소한 '나만 이렇게 엉망인 게 아니구나.' 하고 안도라도 하지 않을까.

"도대체 어떻게 해야 할지 모르겠어요." 이렇게 하소연할 때 반응은 크게 두 부류이다. 내 고민을 하찮게 여기며 "야, 그건 아무것도 아니야. 나 때는 더 심했어."라는 사람과 "그래, 힘들지?" 하고 그저 말없이 고개를 끄덕여 주는 사람. 보통 후자의 경우는 높은 위치에 오른 리더이기보다는 나보다 한 발짝 정도 앞선 선배들이었다. 이 책이 여러분에게 그런 존재이길 바라는 마음이다.

## 1장 두려움

#당혹감 #낯섦 #두려움 #막막함 #난처함 #위축됨 #부담 #위태로움



## 2장 불편함

#어이없음 #조심스러움 #민망함 #어려움 #버거움 #까칠함

## 3장 분노와 좌절

#불쾌함 #씁쓸함 #괴로움 #섭섭함 #무력감 #상처받은 #좌절감 #답답함



## 4장 만족감

#기쁨 #즐거움 #애틋함 #흐뭇함 #행복 #만족감 #뿌듯함 #편안함

직장인에게 승진이란 기쁜 일이고,

나 역시 갑작스레 씌워진 감투가 아주 싫기만 했다면 거짓말이다.

다만 기쁨을 만끽하기엔 부담이 너무 컸다.

준비할 시간이 없어서이기도, 잘해야 한다는 압박 때문이기도 했지만

가장 어려운 건 이제부터 뭘, 어떻게 해야 하는 건지를

전혀 모르겠다는 것이었다.

팀장의 감정 사전

# 1
# 두려움

느끼는 주요 감정들

#당혹감 #낯섦 #두려움 #막막함 #난처함 #위축됨
#부담 #위태로움

Q 내가 잘할 수 있을까?

A 용기가 필요해.

## 어쩌다 팀장

# #당혹스럽다

'저런 사람이 어떻게 팀장이 됐을까?' 이런 생각 참 많이 했었다. 리더십은커녕 무능한 데다 인성도 별로라서 갖은 방법으로 팀원들을 괴롭게 만드는 사람. 그 밑에 있다 보면, 이런 사람을 팀장으로 세우게 된 경위가 진심으로 궁금해지게 마련이다.

내가 팀장이 되고 나서야 비로소 알게 되었다. 팀장은 진짜로 자신도 모르게 '어쩌다가' 된다는 것을. 드라마틱한 발탁 인사를 제외하고는 대부분의 팀장 보임은 공석에서 시작된다. 어떤 팀장이 회사를 그만두거나 팀이 신설되었을 때, 비어 있는 팀장 자리를 채우기 위해 인사팀은 머리를 싸맨다. 외부에서 팀장을 데려올 수도 있겠지만 특별히 전문성을 요하는 직무가 아니라면 내부 인력을 활용하는 게 비용적인 면에서 효율적일 것이다.

회사마다 다르겠지만 내가 다니는 회사는 10~15년 차 사이에 팀장이 되는 경우가 많다. 특별한 결격 사유가 없는 10년 차

이상의 과장, 차장들이 암묵적으로 팀장 후보이며, 그들 중 한 명이 비어 있는 팀장 자리에 앉는다. 말 그대로 '어쩌다 팀장'이다. 팀장이 되기 전에 철저히 훈련받고 준비하는 예비 팀장이 거의 없다는 건 이미 많은 리더십 책에서 증명한 바 있다. 그럴 수밖에 없는 것이, 실무자로서 가장 일을 많이 해야 하는 시기인데다 이미 팀장이 된 이들을 교육시키는 프로그램조차 충분하지 않은 경우가 대부분이기 때문이다. 물론 그런 상황 속에서도 훗날 자신이 리더가 될 때를 대비해 차근차근 준비하는 이들도 있겠지만, 난 그러지 못했다. 정확히 말하면 나도 15년 차가 되어 가니 마음 깊은 곳에서 '한 3년 안에는 팀장이 되어 있지 않겠어?' 정도의 막연한 기대가 있었다. 하지만 감정적인 기대일 뿐 현실에서 필요한 건 아무것도 준비되어 있지 않았다.

11월 초쯤, 갑자기 옆 팀의 팀장이 퇴사하면서 우리 팀 팀장이 그 자리로 가게 되었다. 갑자기 팀장 자리가 공석이 된 우리 팀에서는 직급이 제일 높은 내가 팀장이 되는 것으로 결정이 났다. 순식간의 일이었다.

"12월 1일부터 팀장이야. 잘할 수 있지?"

부서장이 나를 불러 결정된 사항을 말해 주었을 때 순간적으로 표정 관리가 안 되었는지, 놀랍고 당황스러워 굳어버린 내 얼굴을 보며 부서장이 말했다.

"왜, 싫은가?"

솔직히 웃어야 할지, 울어야 할지 몰랐다. 이렇게 갑자기? 당장 다음 달부터? 잘할 수 있냐고요? '언젠가 되겠지.'라고 막연하게 생각했던 그 언젠가가 이렇게 갑자기 찾아올 거라고는 생각도 못했다. 몸도 마음도 준비되어 있지 않았다. 솔직히 말해, 팀장이 뭐 하는 사람인지조차 명확한 개념이 없었다. 팀의 대표, 리더, 관리자, 감독, 선장? 그래서 그게 뭔데요, 뭘 하는 건데요!

직장인에게 승진이란 기쁜 일이고, 나 역시 갑작스레 씌워진 감투가 아주 싫기만 했다면 거짓말이다. 다만 기쁨을 만끽하기엔 부담이 너무 컸다. 준비할 시간이 없어서이기도, 잘해야 한다는 압박 때문이기도 했지만 가장 어려운 건 이제부터 뭘, 어떻게 해야 하는 건지를 전혀 모르겠다는 것이었다.

사원에서 대리가 되고, 대리에서 과장이 되면 일이 좀 많아지고 어려워질 수는 있지만 정체성이 바뀌지는 않는다. 하지만 팀원에서 팀장이 되는 건, 완전히 다른 사람이 되어야 한다는 뜻이었다. 일하는 방식도, 말도, 행동도, 생각까지도 모두 다 달라져야 한다는 건 알겠는데 어떻게 달라져야 하는지는 모르겠는……. 참으로 난감한 노릇이다.

공식적인 팀장 발령 날짜까지 남은 시간은 3주, 이미 옆 팀의 팀장 자리는 공석이었기에 우리 팀 팀장은 옆 팀의 일을 챙기고 수습하느라 정신이 없어 보였다. 우리 팀의 일은 지금부터 당장 내가 챙겨야 하는 것 같아 보였지만 막막했다. 팀원들에게는 이제부터 어떻게 말을 하지? 지금까지 내가 해 왔던 일은 앞으로 누구한테 맡기지? 팀장 사람으로 살아가기 위해 몸과 마음을 세팅하기에 3주는 턱없이 부족했다. 팀원들이 각자 해 왔던 일을 다 파악하는 건 고사하고 내가 원래 하던 일조차 다 마무리하지 못한 채 12월이 되었고, 그렇게 난 팀장이 되었다.

팀장이 될 만한 사람과 그렇지 않은 사람의 기준은 아직 잘 모르겠지만, 한 가지는 분명하게 알았다. 누구에게나 시작은 이렇듯 갑작스럽고 당혹스러울 것이란 사실, 어쩌다가 팀장이 된 게 그 사람 탓은 아니라는 사실, 누구나 준비되지 않은 채로 갑작스럽게 팀장이 된다는 사실이다. 그러면 이제부터는 나에게 달린 걸까. '어쩌다 저런 사람'이 될지, '팀장이 될 만한 사람'이 될지 말이다.

## 팀장 자리

# #유난스럽다

"이야, 자리 좋네. 김 팀장님."

친한 선배들이 하나둘 와서 호들갑을 떤다. "좋기는요." 무심하게 말해 놓고 괜히 어깨에 힘이 들어간다. 여전히 남의 자리에 앉아 있는 듯한 어색함 때문이었을까, 나도 이제 '장'이라는 시답잖은 우월감 때문이었을까. 팀장 자리라고 책상이 더 크거나 의자가 더 좋은 것도 아니지만 팀원들 자리와 확실히 다른 건 사무실 안에서 자리의 위치이다. 조직도를 좌석에 그대로 구현하는 전형적인 대한민국 회사에서 팀장 자리는 뒤에 사람이 지나다니지 않는 가장 안쪽 자리, 창을 등지고 앉아 팀원들의 옆얼굴을 바라보는 그런 자리이다. 거기가 새로운 내 자리였다.

원래 우리 팀장이 다른 팀으로 가고 내가 그 자리에 앉는다는 게 기정사실화된 후, 매우 어색한 몇 주의 시간을 보냈다. 정확히 언제 자리를 옮겨야 한다는 원칙은 없었다. 12월 1일부터 정식 보임이니 그때까지만 옮기면 됐다. 하지만 옆 팀 팀장의 갑작스러운 공백으로 약 한 달 전부터 그 팀의 일을 대신 처리해야만 했던 당시 우리 팀장은 계속 옆 팀의 일로 통화하고 서류를 정리하며 일찌감치 떠날 준비를 했다. "내가 빨리 비워 줘야죠."라고 그는 말했지만 자리가 빈다고 해서 냉큼 내가 거기에 앉기도 좀 그랬다. 발령 날짜는 정해져 있고, 아직 정식으로 팀장이 되지도 않았는데 자리부터 옮기는 건 너무 유난스러운 일이었다.

솔직히 빨리 그 자리에 앉고 싶다기보다 팀장, 그게 뭔지는 모르겠지만 일단 저 자리에 앉아야 그다음에 뭐라도 할 수 있을 것 같긴 했다. 자리가 바뀌지 않는 한 내 일도, 위상도, 마인드도 바꿀 수 없을 것 같았다. 어차피 정해진 거 하루라도 빨리 세팅하고 준비해야 할 것도 같았다. 전 팀장이 부산하게 자리를 치우는 내내 여러 가지 생각에 마음이 복잡해져 도무지 일에 집중할 수가 없었지만 애써 아무렇지 않은 척하며 내 앞의 모니터만 뚫어져라 쳐다봤다. 일은 안 하고 자리 같은 것에나 신경 쓰고 있는 게 티 날까 봐.

전 팀장이 책상 밑 서랍장까지 싹 비우고 떠난 날, 조용히 일어나 아직은 남의 자리 같은 내 자리로 걸어갔다. 물티슈를 두 장 뽑아 책상의 먼지를 닦으며 생각했다. '여기가 내 자리란 말이지?' 갑자기 부모님 집에 얹혀살다가 처음 독립했을 때가 생각났다. 뭐가 고장 났을 때나 난데없이 바퀴벌레가 나왔을 때 소리를 지르며 이제는 부모님이 아닌 내가 직접 처리해야 한다는 걸 온몸으로 실감했을 때와 비슷한 느낌이었다. 결정된 김에 빨리 내 자리를 세팅하고 싶었던 처음 마음과 달리, 빈 책상을 닦는 내내 뻐근한 중압감이 몰려왔다. 이제 다 내 몫이구나. 이 자리에 앉는 순간부터 우리 팀은 내가 알아서 꾸려가야 하는구나. 내가 "이거 어떻게 하죠?" 하며 팀장 자리로 찾아갔었듯이, 팀원들이 이제 이 자리로 나를 찾아오겠구나. 나, 잘할 수 있을까?

노트북과 모니터를 옮겨 놓으니 조금씩 실감이 났다. 옆에 세워 두었던 책꽂이와 수납함, 서랍장에 있던 물건까지 주섬주섬 꺼내 옮겼다. 자잘한 물건들이 왜 이리도 많은지. 클립이나 펜은 그렇다 치고 풀, 가위에 당 충전용 주전부리까지 한가득이었다. 팀장도 이런 게 다 필요한가? 모르겠다. 일단 옮기자. 달그락 달그락. 조용한 사무실에서 짐 싸는 소리만 크게 울렸다. 팀원들 누구도 나를 쳐다보지 않았지만, 속으로 욕하는 소리가 들리는 듯했다. '팀장 됐다고 이사 한번 요란하게 하네.' 아니다. 팀장 된 거 너무 티 내지 말라고, 그러면 보기 안 좋다고 눈치를 주는 건 팀원들이 아니라 내 마음이다. 내 마음이 제일 유난이다.

책상 앞에 붙어 있던 아이들 사진까지 옮겨서 모니터 옆에 붙여 놓으니 이제 조금은 내 자리 같다. 아이들 사진 너머로 팀원들이 한 눈에 보인다. 각자 자기 모니터를 쳐다보고 있는 옆얼굴들. 이 팀원은 피곤해 보이고, 저 팀원은 모니터를 째려보고 있고, 저 팀원은 누구랑 대화를 하는지 킥킥거리고 있구나. 그래, 이제는 내가 저들의 팀장이다. 팀장 자리에 앉았으니 이제는 죽이 되든 밥이 되든 내 팀이다. 어떻게든 되겠지. 자리가 사람을 만든다는 말, 그 말 한번 믿어보자. 잘될지는 모르겠지만.

그나저나 뒤에 아무도 없으니, 좋긴 좋구나.

'팀장님'이란 소리

# #낯설다

"팀장님."

"…… 아, 저요?"

한참 후에야 고개를 들었다. 나를 부르는 줄 몰랐다. 아니, 팀원의 목소리는 들었으나 그 팀원이 부르는 팀장님이 나라고는 생각하지 못했다. 몇 번이나 그랬다. 김 팀장, 팀장님……, 아무리 들어도 나를 부르는 호칭으로 와 닿지 않았고 "네" 하고 대답하는 목소리마저 내 것이 아닌 느낌이었다. 언제쯤이면 팀장이라는 호칭이 내 것처럼 자연스러워질까.

달라진 건 별로 없었다. 문서상으로 조직도의 팀장 칸에 내 이름이 들어가는 게 결정되었을 뿐. 그때까지 뭘 준비해야 할지, 되고 나면 뭐부터 해야 하는지 알려 주는 사람도 없었다. 긴장되는 마음을 부여잡고 출근한 팀장 보임 첫날, 신기할 정도로 아무 일도 일어나지 않았다. 팀원들은 여전히 각자 자리에서 자기 일을 했고, 나는 나대로 새로운 자리에 앉아 딱히 뭘 해야 할지 몰라 어제까지 내가 하던 일을 했다. 뭔가 이상했다. 분명히 오늘부터 나는 팀장인데 팀장 아닌, 팀장 같은 이 어색한 공기라니. 나는 뭘 기대한 건가. 새 팀장이 왔으니 다들 박수라도 쳐 주며 맞이하길 바랐나. 오늘부터 팀장이니 누가 이것저것 지시라도 내려 줄 줄 알았나. 그 지시를 해야 할 사람은 바로 나인데. 각자 조용히 일하고 있는 팀원들을 보면서도 이런저런 생각이 들었다. '저들은 날 팀장으로 생각하고 있긴 할까?' '첫 날부터 일을 시켜도 될까?' '근데 무슨 일을 시켜야 할까?'

정확히 말해 우리 팀의 가장 큰 변화는 새로운 팀장의 존재가 아니라 예전 팀장의 부재였다. 그의 목소리가 들리지 않는 사무실은 고요했다. 일을 지시하거나, 팀원의 보고와 피드백 소리가 없으니 조용할 수밖에. 하지만 팀장이 없는 날의 자유로움과는 사뭇 다른 느낌이다. 지금은 새로운 팀장이 버젓이 자리에 앉아 있으니, 그 어색한 침묵을 만들고 있는 사람은 다름 아닌 나였다. 그러다 갑자기 누군가 적막을 깼다.

"팀장님."

어제까지 다른 사람에게 '팀장님'이라고 부르다가 오늘부터 갑자기 옆자리에 앉아 있던 선배를 팀장이라 부르는 데는 어색함을 무릅쓴 용기가 필요했을 터. 그런 용기를 낸 팀원에게 나는 3초간 침묵으로 반응하고 만 것이다.

"…… 아, 저요?"

"네, 팀장님. 잠깐 시간 괜찮으세요?"

"네."

'무슨 문제라도 생긴 걸까?' '내가 결정할 수 없는 일을 얘기하면 어떻게 하지?' 짧은 순간 많은 생각이 들었지만 애써 담담한 척 팀원의 이야기를 들었다. 다행히 별일 아니었다. 상식적인 수준에서 지시를 한 후 짧게 안도의 숨을 내쉬는데, 이번에는 다른 팀원의 통화 소리가 들린다.

"네, 저희 팀장님께 여쭤보고 말씀드릴게요."

또 한 번 머리끝이 쭈뼛 선다. '팀장님께 여쭤본다고? 나한테? 뭐지?' 팀원이 전화를 끊고 자리로 걸어오는 동안 속으로 빌었다. '제발 별일 아니길.'

"팀장님께 말씀드리고" "팀장님이 이렇게 하라고 하셔서" "김 팀장하고 이야기해 봐요" 등등 하루에도 셀 수 없이 귀에 박히는 '팀장님' 소리로 머리가 지끈지끈 아팠지만, 그 덕분에 팀장님 소리에 반응하는 것만큼은 금방 적응되었다. 나를 부르는 "팀장님" 소리가 차차 자연스러워진 만큼 이제는 거꾸로 팀장님이라고 부르지 않는 소리에 더 예민해졌으니 사람 마음이 어떻게 이리도 우스운지 모르겠다.

엄연히 직함이 있는데 그것 따윈 신경 쓰지 않고 생각나는 대로 "누구 씨, 누구야"라고 부르는 사람들이 지금도 있다. 이해가 아주 안 되는 건 아니다. 일하기도 바빠 죽겠는데 다른 사람의 직급이나 직책을 하나하나 외우고 사는 건 쉽지 않은 일이다. 그냥 입에 붙은 대로 편하게 부르고 싶겠지. 나도 가끔 헷갈리는데 뭐. 그럼에도 나는 아주 소심하게 "야"라고 부르는 이에게는 대답하지 않는 방법으로 반항하곤 한다.

아직은 팀장님이라고 불러 줘야 비로소 내가 팀장 같다. 팀장이 된다는 건 "팀장님" 소리에 즉각 반응하는 것뿐 아니라, 어떤 호칭으로 부르든지 간에 팀장으로 살아가는 과정일 텐데. 호칭에 연연하는 걸 보니 아직은 갈 길이 멀다.

## 첫 회의

# #어색하다

우리 잠깐 팀 회의 할까요?

사내 메신저의 팀 단톡방에 몇 번이나 썼다가 지웠다. 이제까지 팀장이 회의하자고 하면 주섬주섬 노트를 챙겨 회의실에 앉아 열심히 내 할 일을 받아 적었던 팀원이었는데, 오늘부터는 갑자기 팀원들에게 회의를 하자고 말하는 입장이다. 그뿐인가. 회의를 시작하고 끝내야 하며, 팀원들의 이야기에 피드백을 주고 다음 할 일을 지시해야 한다. 해야 하는 것들을 머리로는 알겠는데, 한 발 한 발 떼기가 왜 이리 무거운지.

팀장으로 보임한 첫째 날 그리고 둘째 날까지는 그저 팀장 자리에 앉아 있는 것만으로도 마음이 너무 분주했다. 낯선 공기에 적응하느라 하루가 어떻게 흘러가는지도 몰랐다. 셋째 날이 되어서야 비로소 정신을 좀 차리고, 새삼스레 팀원들의 얼굴을 바라봤다. 지금까지도 계속 우리는 한 팀이었지만, 이제부터는 내가 새롭게 다시 꾸려가야 할 우리 팀이다. 하지만 여전히 어색한 공기가 감돈다. 나도 팀장으로서 이 친구들을 바라보는 게 어색하지만, 아마도 옆 자리 동료가 아닌 팀장으로 나를 바라보는 팀원들이 훨씬 더 불편할 것이다. 본격적으로 무언가를 시작하기 위해서는 거창하진 않더라도 약간의 이벤트가 필요했다. 새로운 팀 분위기로 리셋하자는 의미도 있었지만, 사실 나를 위한 거였다. 팀원들과의 새로운 관계 재정립은 물론, 스스로 팀장 모드의 마인드로 본격적으로 'on' 하기 위해서였다.

그렇다고 거창하게 무언가를 하는 건 부담스러워 예전 팀장이 만들어 둔 '주간 업무회의'를 이용하기로 했다. 똑같은 회의실, 똑같은 사람들, 똑같은 주제, 달라진 건 팀원들이 주간 업무를 보고하는 대상이다. 이런저런 피드백과 업무 지시를 내려야 하는 주체가 나로 바뀐 것뿐이다. 그러니까 나만 잘하면 되었다. 예전 팀장이 하던 대로 대강 따라 하면 되겠지, 일단 팀원들의 업무 얘기를 들으면 뭐라도 해 줄 말이 있겠지 싶었다. 하지만 아니었다. 그동안 선배라고 다른 팀원들의 일도 나름대로 신경 쓰고 챙겼던 것 같은데, 팀장으로서 가이드를 해야 하는 입장이 되니 전부 처음 듣는 것처럼 새로웠다. 이렇게 해라, 저렇게 해라 그럴 수 있는 상황이 아니었다. 휴, 심호흡을 한 번 한 뒤 입을 열었다.

"우리끼리 이렇게 회의하니까 진짜 어색하네요."

팀원들이 서로 쳐다보며 웃는다. 지난 몇 주간 갑작스럽게 마주한 변화들, 당황스러웠던 나만큼이나 팀원들도 혼란스러웠을 것이다. 어버버한 새 팀장이 잘할 수 있을지도 모르겠고, 이제부터 자신들의 직장 생활이 어떻게 흘러갈지 걱정되었을 것이다. 어떻게 나를 믿어 달라고 자신 있게 말할 수 있을까. 나도 아직 뭘 해야 할지 모르는데. 지금 시점에서 내가 해 줄 수 있는 말은 이것뿐이었다. 솔직히 지금은 잘 모르지만, 최대한 빨리 적응할 테니 그때까지만 좀 기다려 달라는 것, 그리고 다른 건 몰라도 최소한 노력하는 팀장이 되겠다는 것. 처음이니까, 내가 가진 건 초심뿐이니까. 그것만큼은 진심이니까 열심히 해 보겠다는 약속뿐이었다. 팀원들은 고맙게도 고개를 끄덕여 주었다. 나를 믿는다기보다는 '어색한 거 맞다.' '빨리 적응해 달라.' '노력해 달라.' 그런 의미의 끄덕임이었을 것이다.

무사히 첫 회의를 끝내고 자리에 돌아와 깊게 숨을 내쉬었다. 스타트는 대강 잘 끊은 것 같다. 팀원들에게는 그저 똑같은 주간 회의였다 해도 그것조차 나로서는 성공이다. 그럭저럭 회의 같긴 했다는 얘기니까. 처음 팀장 자리에 앉았을 때도, 처음 팀장님 소리를 들었을 때도 이제 진짜 팀장이 됐나 보다 했는데 아니었다. 이번이 진짜였다. 팀원들과 얼굴을 마주하며 "같이 잘해 보자."라고 다짐한 그 순간의 온기, 어색하게 웃으며 고개를 끄덕여 준 팀원들의 미소, 한 마디 한 마디에 정성을 다했던 내 풋풋한 긴장감이 내게는 진짜 시작이다. 도대체 몇 번이나 새로 팀장이 되는 건지 모르겠다.

## 사업 계획

# #막막하다

회사에서 연말은 늘 분주하다. 평가와 승진, 조직 개편과 더불어 다음 연도 사업 계획 시즌이기 때문이다. 내년에 무엇으로 돈을 벌지, 목표가 무엇인지, 그 목표를 어떻게 이룰 건지 계획을 세우는 기간이다. 많은 회사들처럼 우리도 먼저 재무적인 목표와 사업 전략이 어느 정도 논의되고 나면 그것을 실행할 각 본부와 지원 부서의 목표와 계획을 세운다. 본부와 부서의 전략이 나온 후에는 각 팀의 세부적인 목표와 계획을 세우고, 팀의 사업 계획을 짜고 나면 인별로 목표와 계획을 세운다. 10월부터 시작해 연말까지 쭉 이어지는 일정이다.

마침 12월부터 팀장이 되어 딱 그 시즌이었다. 연말에는 으레 평가와 내년도 계획으로 분주한 법이고, 나 역시 과장 직급이 된 이후부터는 줄곧 팀의 사업 계획서를 만드는 일에 참여했었기에 금방 할 수 있을 줄 알았다. 올해의 성과 반성과 내년도 목표, 실행 계획, 팀의 간단한 조직도, 예산 등 사업 계획 보고서의 틀은 거의 정해져 있으니 어렵지 않을 거라 생각했다. 하지만 한 가지 미처 생각하지 못한 게 있었다. 사업 계획 보고서와 사업 계획은 다르다는 것.

팀원 시절에는 보고서를 만들어서 팀장에게 주면 끝이었고, 그것을 경영진에게 발표하고 예산과 조직을 승인받는 절차는 팀장의 몫이었다. 팀원 때는 뚝딱뚝딱 잘만 채워 넣었던 글자와 숫자들인데, 막상 내가 팀장이 되니 이리도 막막할 수가 없다. 모니터에 떠 있는 백지 상태의 사업 계획서 양식을 노려보며 뭐라도 써보려고 했지만 한 글자도 쓸 수 없었다. 이제야 알았다. 팀의 사업 계획이란, 말로 끝나는 것이 아니라 진짜로 해내야 하는 실행 계획이라는 것을. 이것을 통해 우리 팀이 앞으로 무슨 일을 하고, 무엇으로 평가와 보상을 받게 될지를 부서장과 팀원들과 합의하는 1년 치의 약속이었다. 그저 보고서를 잘 정리하는 것이 중요한 게 아니라, 도전적이면서도 실현 가능한 계획을 세우고 적절하게 인적 자원과 예산을 배분하는 치열한 고민이 사업 계획의 본질이었다. 사업 계획서란 그 모든 고민이 제대로 담겨 있으면서도 입체적으로 표현되어야만 했다. 그러니까 내가 팀원 시절에 흉내 낸 사업 계획서는 그런 것들에 대한 종합적인 고민을 내가 할 필요가 없었기에 쉽게 쓸 수 있었던 거였다. 그저 윗사람의 의중을 잘 표현하기만 하면 되니까. 참고할 자료를 던져 주며 비슷하게 해 오라고 하거나 자기 생각을 두서없이 얘기하며 적당한 언어들로 채워 주길 기대했던 과거 몇몇 팀장들을 속으로 엄청 욕했었는데, 그들도 알고 보면 이런 치열한 고민 끝에 내게 일을 지시한 것이었을지도 모르겠다(그랬다면 죄송합니다).

죽이 되든 밥이 되든 내가 새로 꾸려갈 팀의 첫 계획서이니 백지 상태에서 잘 그려보고 싶은 마음이 굴뚝같았지만, 팀장이 되자마자 일을 제대로 파악할 새도 없이 갑자기 내년도 사업 계획을 짜야 하는 상황은 생각보다 더 난감했다. 우리 팀이 앞으로 무엇을 어떻게 할지, 솔직히 아직 아무 생각도 나지 않았다. 무엇을 해야 하므로 이 정도의 인원과 예산이 필요하다고 설득하는 건 더더욱 아이디어가 없었다. 이를 위해서는 그간 우리 팀이 해 온 일들에 대한 평가와 반성이 필요했는데, 내가 한 일이 아닌 전임 팀장의 업적에 대해 어떻게 평가를 한단 말인가. 아쉬운 대로 작년과 재작년 우리 팀 사업 계획을 참고삼아 들여다봤지만 거기에 적힌 글자들 이상의 새로운 계획은 아무것도 떠오르지 않았다. 한참을 고민하다 부서장에게 찾아갔다.

“내년 상반기는 기존에 해 왔던 일을 사고 없이 하는 걸 일단 목표로 하겠습니다."

1년은 좀 긴 것 같아 소심하게 반을 잘라 말했다. 상반기, 6개월 정도만이라도 일단 적응할 시간을 벌어 놓자는 심산이었다. 부서장은 고개를 끄덕이며 말했다.

"당연히 그래야지."

당연히요? 그런 거였다. 회사는 내게 지금 당장 새로운 항로를 개척하라고 요구할 생각이 없었다. 하긴 팀장 경력만 10년이 넘은 사람이 해 오던 일을 1년 차가 유지만 해도 성공이다. 그것조차 내게는 큰 도전인데, 혼자 초심의 열정을 부여잡고 새롭고 거창한 사업 계획을 짜보려고 끙끙대고 있었다. 새로 팀을 맡았으니 잘하고 싶은 욕심은 좋지만 처음부터는 아니었다. 당장이라도 뭔가를 보여 줘야 한다는 패기를 내려놓으니 마음이 한결 가벼웠다. 마음이 조금 편해지자 비로소 사업 계획서에 한 글자 한 글자 적을 수 있었다. 작년 계획서를 참고해서 성과 목표를 정하고, 팀원들 간의 역할 정도만 다시 다듬었다. 예산도 거의 바꾸지 않았다. 사계절은 지나봐야 파악이 될 테니, 그때까지는 일단 기존대로 가는 게 안전할 터였다.

팀 사업 계획을 CEO에게 보고하는 날, 쭈뼛쭈뼛 회의장에 들어가 앉았다. 지난달까지 다른 팀장이 해 왔던 일을 내 일인 것처럼 발표하는, 죽을 만큼 어색한 시간이 어찌어찌 잘 넘어갔다. 역시나 아무도 왜 '새로움'이 없느냐고 탓하지 않았다. 이제 막 부임한 신임 팀장에게 기대할 수 있는 건 기존에 해 왔던 일을 망치지 않는 것 정도란 사실에 깊은 안도감이 밀려왔다. 보고는 끝났지만 진짜 사업 계획은 이제 시작이다. 사업 계획을 직접 실현해 나갈 팀원들과 함께 구체적인 실행 계획을 짜야 한다. 새로움을 기대하지 않았던 경영진과 달리, 팀원들은 기존에 하던 일들 말고 새로운 일을 하고 싶어 하는 기색이 역력했다. 하지만 무턱대고 기존 일들을 전부 멈출 수는 없었다. 지금 하고 있던 일들을 잘 이어가면서 동시에 새로운 사업을 찾아야 했다. 그래도 혼자 모니터를 노려보며 계획서를 만들 때의 막막함은 사라졌다. 결국 사업 계획이란 멋진 '계획서'가 아니라, 팀원들과 함께 머리를 맞대고 고민하며 꾸려내는 우리 팀의 '사업'이니까. 당장 새로운 판을 짜는 건 무리겠지만 적어도 6개월 후에는 우리만의 새로운 결을 조금씩 만들어 갈 것이다. 시간을 벌었으니 하나씩 고민하면 되겠지. 그나저나 사업 계획이라니, 이름 한번 거창하다. '내년도 할 일' 정도가 딱 좋을 것 같은데 말이다.

## 퇴근 시간

# #서툴다

"한번 고민해 봅시다." 이 말에서 시작된 여러 가지 숙제들을 팀원들이 열심히 해서 가지고 온다.

"팀장님, 잠깐 시간 괜찮으세요?"

나도 상사에게 받은 숙제가 산더미이지만 팀원들의 숙제 역시 곧 우리 팀의 숙제이기에 미룰 수는 없다. 또 빨리 보고 피드백을 주어야만 팀원들이 근무 시간 안에 일을 마칠 수 있을 테니.

9시에 봅시다, 10시 회의이니까 11시에 봅시다, 점심 먹으면서 얘기합시다, 점심 먹고 바로 회의가 있으니 3시에 봅시다, 4시 반에 봅시다! 마지막 회의를 마치고 6시가 다 되어 자리에 털썩 앉았다. 이미 몇몇은 집에 갔다. 이제 밀린 일을 좀 해 볼까 하는데, 또 한 팀원이 잠깐 시간 괜찮으시냐며 자신의 결과물을 들고 온다. 보고를 듣는데 머리가 잘 돌지 않는다. 목소리가 잠겨 헛기침을 계속하면서 마지막 힘을 끌어모아 피드백을 한 뒤,

몇 시간 만에 모니터를 쳐다봤다. 그 사이 몇 개의 메일이 와 있고, 결재할 것들이 쌓여 있다. 메신저에는 한참 전에 '잠깐 봅시다'라는 상사의 메시지부터 '이게 이런 건가요?' '금주에 회의 가능하신가요?' 같은 답하지 못한 질문들도 한가득이다. 천천히 모니터 전원을 끄며 몇 가지 다짐을 한다. 내일부터는 점심시간에 면담 같은 건 하지 않으리라, 팀원들에게 갑자기 찾아오지 말고 미리 시간을 정해서 오라고 말해야지, 1시간 단위는 너무 힘드니까 무조건 2시간 간격으로 미팅을 잡아야지, 말을 좀 덜 해야지. 특히 마지막 다짐은 매번 하지만 항상 실패이다. 저녁쯤 되면 목이 잠긴다. 언제쯤이면 내 입을 닫고 팀원들의 이야기에만 귀를 기울일 수 있을까. 노트북을 챙겨 갈까 잠깐 고민하다 그만두었다. 어차피 그대로 가져갔다가 그대로 가져올 게 뻔하니, 오늘 남은 일은 일단 내일로 미룬다.

팀장의 하루가 매일 이런 건 아니지만 이런 날이 종종, 아니 꽤 자주 있다. 팀원들이 다들 알아서 해 주면 좀 나을까, 아니면 내가 그냥 '알아서 하세요' 하면 될까. 모르겠다. 나만 이런가? 다른 팀장들을 보고 싶지 않은데 자꾸만 둘러보게 된다. 다른 팀장들은 어떻게 하루를 보내는지, 나처럼 회의에 치이는지, 팀원들 일을 하나하나 다 봐 주는지. 주체적으로 시간을 관리하지 못하고 정신없는 일과에 치여 하루가 끝나는 것이 허무해서 주변 팀장들에게 조언을 구해보기로 했다.

**나** 회의가 너무 많아서 일할 시간이 없어요.

**A 팀장** 나는 꼭 가야 하는 회의 아니면 안 들어가요.

**나** 다 들어가야 하는 회의라면요?

**A 팀장** 그건 알아서 잘 해야죠.

**나** 위에서 시키는 숙제가 너무 많아요.

**B 팀장** 할 수 있는 것만 해요.

**나** 위에서 시킨 건데 다 해야 하지 않나요?

**B 팀장** 그건 알아서 해야죠.

알아서. 그래, 알아서 하자. 팀장으로 좀 더 오래 지내다 보면 감도 오고 깡도 생기겠지. 하지만 감으로도, 깡으로도 해결되지 않는 가장 서툰 포인트는 따로 있다. 마지막 회의를 마치고 자리에 오면 대부분 퇴근 시간이고, 오늘 내가 받은 숙제를 지시해야 하는데 팀원들은 다 집에 가고 없다. 상사가 내일 아침에 보자고 했는데 어쩌지, 퇴근했는데 연락을 할 수도 없고. 어쩔 수 없이 팀원에게 내일 아침에 출근하면 서둘러서 준비해 달라고 구구절절 메일을 보낸다. 또 다른 경우는 분명히 나랑 오늘 할 얘기가 있었던 팀원이 말없이 퇴근해버렸을 때이다. 오늘까지 보여 달라고 한 자료는 어떻게 된 건지 궁금하지만 내가 하루 종일 바빴으니 할 말이 없다.

| | |
|---|---|
| **나** | 일 시키려고 보면 퇴근 시간이에요. 어쩌죠? |
| **C 팀장** | 그래도 시켜야죠. |
| **나** | 퇴근 시간에 일 시키면 싫어하잖아요. |
| **C 팀장** | 그래도 해야죠. |

'왜 싫어하냐.' '안 싫어한다.'가 아니라 '싫어해도 해야 한다.'는 것이다. 맞는 말이다. 좋고 싫음이 무슨 상관인가. 일인데, 회사인데. 해야 하는 일이면 퇴근 시간이든 점심시간이든 해야 하는 것이다. 그렇다고 싫어하지도 말라는 건 아니다. 싫어도 어쩔 수 없다는 것이지. 베테랑 팀장들은 그 개념이 몸에 밴 듯하다. 일이 있으면 퇴근 시간이라도 불러서 시킬 뿐 아니라 밥 사 주고 술 사 주면서 어르고 달래는 기술도 능하다. 성과를 향한 초점이 명확해서일까. 팀원들과 그만큼 신뢰가 쌓여서일까. 회사니까,

일이니까 이것저것 잴 것도 없이 그저 팀장으로서 지시하고 점검하고 보고하는 게 당연한 모습이다. 언제쯤이면 나도 저렇게 될 수 있을까.

N년 차 팀장들과 나의 가장 큰 차이점을 보니 두 가지였다. 첫 번째는 인간적인 배려와 팀의 성과 중 당연히 팀의 성과 쪽을 택하는 결단력과 그 성과를 위해 당장 해야만 하는 일을 빠르게 가려내는 능력이고, 두 번째는 그것에 내 하루의 시간과 팀원의 시간을 적절히 배분하는 능력의 차이다. 나는 아직 둘 다 서툴다. 팀의 성과를 위해 중요한 일과 그렇지 않은 일을 판단하는 것도 아직은 어렵고, 그로 인해 일이 파도처럼 밀려와 산산이 부서지기 일보 직전인데도 팀원들의 퇴근 시간을 먼저 고민하고 있으니.

베테랑 팀장들의 연륜이 구구절절 부럽다. 하나라도 따라 해볼까? 퇴근한 팀원에게 일 시키는 건 도저히 못 하겠고 위에서 시키는 일을 모른 척 걸러내는 것도 아직은 못 하겠으니, 안 가도 되는 회의라도 내일은 좀 걸러볼까.

평가

# #난처하다

"평가 한번 하고 나면 좋은 팀장이고 뭐고 없어. 그냥 다 나쁜 놈이야."

선배 팀장들이 했던 이 말이 처음에는 와 닿지 않았다. '공정하게 평가하면 되잖아. 다 좋은 평가를 주면 되잖아. 그것도 팀장의 능력 아닌가?' 이런 생각이었다. 정말이지 무지하고 교만했다. 평가는 팀장의 능력과는 상관없다고 말해야만 그나마 내가 조금이라도 빠져나갈 구멍이 생긴다는 걸 이제는 확실히 알았다. 평가는 지금까지 경험한 팀장의 여러 가지 과업들 중 최상의 난이도인 것 같다. 모두에게 받아들여지는 공정함이란 처음부터 불가능한 것이었다. 로봇처럼 이성의 힘을 발휘하려고 노력하지만 도무지 감정을 배제하기 어려운 나의 고뇌와, 어떤 결과든지 그 이상을 원하는 팀원들의 마음과, 이미 마음속에 답을 정해 두고 있을 부서장과, '우리 팀이 최소한 그 팀보다는 잘했지' 하는 팀장들끼리의 묘한 신경전까지. 시기, 질투, 암투, 모략으로 표현되는 인간 군상 속에서 정의를 실현해야 하는 일이니 난이도가 높을 수밖에. 처음부터 팀장의 능력과는 아무런 상관도 없는 일이다. 정말 그렇다.

내 능력 밖의 일이라고 생각하면 조금은 마음이 편해지면서 동시에 무력감이 밀려온다. 정치질을 해서라도 내 팀원들이 무조건 좋은 점수를 받도록 열을 올리는 게 옳은지, 우리는 아직 한참 부족하다며 겸손하게 자아 성찰을 하는 게 나은지, '나는 A를 주고 싶었지만 부서장이 네게 B를 주라는데 어쩌겠니' 하며 피하는 게 좋을지, '당신은 이런 점이 부족해'라고 내 선에서 모질게 지적하는 게 나을지. 어떤 선택도 그리 썩 달갑지 않다. 모든 선택은 누군가에게는 섭섭함을, 누군가에게는 원망을 안길 테니까. 그러니까 결국은 미움받을 용기가 필요하다.

솔직히 KPI(Key Performance Indicator: 핵심성과지표)가 한 사람이 1년간 일해 온 과정과 결과, 역량과 태도 등 모든 것을 100% 잘 담을 수 있는지 그것부터가 의문이다. 결과는 좋았지만 과정에 있어서 아쉬움이 있을 수도 있고, 과정은 정말 완벽했는데 생각지 못한 변수로 결과가 좋지 않을 수도 있다. 하나의 업적에서는 과정과 결과 모두 완벽했어도 그의 전반적인 태도와 팀워크 면에서는 아쉬움이 있을 수도 있다. 개개인의 평가 하나하나도 이렇게 복잡한데, 팀으로 놓고 보면 더더욱 어렵다. 팀 전체가 성과가 좋아서 모두가 좋은 점수를 받는 아름다운 상황이라 해도, 상대평가 제도 하에서 누군가는 무조건 낮은 등급을 받는다. '내가 B인 건 알겠는데 누구누구보다는 열심히 하지 않았나요?' '내가 A인 건 당연한데 왜 저 친구도 A죠?' 이와 같은 숱한 의문들에 나는 열심히 주석을 달아야 한다. 모두를 만족시킬 수는 없어도 최소한 납득은 시켜보려는 노력이다. 하지만 말하면서도 회의가 든다. 평가라는 게 다 그런 거지, 이걸 이렇게까지 열심히 설명해야 하나.

『리더의 용기』[1]에서 브레네 브라운은 '명확함이 친절한 것'이라고 했다. 이는 어려운 말이나 불편한 말일수록 회피하지 않고 명확하게 말해야 한다는 뜻이다. 또한 좋은 사람이 되기 위해 쓴소리를 삼키지 말라는 조언도, 준비가 되지 않았을 때에도 어려운 대화를 할 수 있어야 한다는 말도 덧붙였다. 이 책을 평가 결과 발표 직후에 펼쳐 든 건 '용기'라는 단어 때문이었다. 나는 용기가 필요했다. 내가 자행한 '평가'라는 행위에 대해 팀원들에게

1 브레네 브라운, 『리더의 용기』, 강주헌 옮김, 갤리온(2019), 75p, 101p

미움받을 용기, 그리고 평가와 관련된 어렵고 불편한 말들을 하나하나 친절하고 명확하게 전달할 용기가 필요했다.

평가에 관한 말이 어려운 이유는 평가자와 피 평가자 사이의 생각 차이 때문이다. 나는 부족하다고 느낀 결과물에 대해 팀원은 이만하면 잘했다 하고, 나는 팀원의 이 부분이 개선이 필요하다고 느끼는데 팀원은 그것을 자신의 강점으로 여긴다. 반대의 경우도 물론 있다. 어쨌거나 생각의 차이에 대해 직접적으로 거론하고 간극을 좁히는 과정은 어렵고 불편하며, 불편함을 없애는 가장 쉬운 방법은 회피이다. 각자 성과에 대해 첫 번째 면담을 한 후 평가 결과가 발표되기까지, 정신없고 바쁘다는 핑계로 팀원들과 대화를 하지 않았던 것도 역시 피하고 싶었기 때문이었다. 지난번에 성과 면담은 한 번 했으니까, 평가 피드백 칸에 열심히 적었으니까 내 평가 의견은 전달되었을 거라 생각하면서도 솔직히 충분하지 않다는 건 알고 있었다. 성과 면담에서도 "다음에는 이런 걸 질해 보자."며 애매한 말로 마무리했었고, 평가 피드백 입력 시스템에 역시 '고생했고, 다음에는 이런 걸 개선하자.'란 좋은 말로 가득 채워 두었으니 말이다. 하지만 도저히 불러서 면전에 대고 "너는 B, 너는 C."라고 말할 수 없었다. 팀원들이 무엇을 기대하고 있는지 뻔히 아는데 그와 다른 평가를 준 것에 대해 해명하는 과정이 난감하고 어려웠다. 어떻게든 미뤄 두고만 싶었다. 그렇게 미루고 미루다 개인별 평가 등급이 발표되었다. 각자 인사 시스템에 들어가 자신의 평가 결과를 확인하고 알게 모르게 실망했을 팀원들의 얼굴을 살피느라 그날은 일이 손에 잡히지 않았다. 우리 팀에서 제일 좋은 평가를 받은 팀원조차도 그날따라 표정이 어두워 보였던 건 내 기분 탓이었을까.

팀원들을 동기부여해서 열심히 일할 수 있는 동력을 만들어야 하는 팀장의 입장에서 평가라는 것은 절대 우호적인 무기가 아니다. 좋은 평가 등급을 줄 수 있는 한정된 사람에게는 그나마 괜찮을 줄 알았지만 그조차도 내 생각이었다. 적당히 높은 등급은 가장 높은 등급을 원하는 이에게는 여전히 기대 이하이다. 스스로 중간 등급을 예상하고 있었다 하더라도 막상 그 등급을 결과로 받아들면 서운하다. 옳고 그름의 문제가 아니다. 그냥 평가란 원래 그런 것이다. 그렇다면 좋은 평가를 받는 공정한 기준이라는 게 존재하긴 하는 걸까. "열심히 했어. 잘하고 있어. 좋아지고 있어. 하지만 좋은 평가를 줄 수는 없어."라는 말은 정말이지 야속하다. 나 같아도 속으로 중얼거릴 것 같다. '이럴 거면 잘하고 있다는 말을 하지나 말지.' 그러면 팀원들이 선불리 기대하지 않도록 평소에 시니컬해야 하는 걸까. 어려운 말일수록 더 명확하게 해야 한다니. 그런 용기는 도대체 어디서, 어떻게 만들어야 할지 모르겠다.

선배가 했던 말이 다시 떠오른다. 평가 한번 하면 그냥 다 나쁜 놈이라는 말. 나쁜 놈이 되기 싫어서 능력 운운했지만 결국 나는 정말로 나쁜 팀장이 되었다. 점수를 낮게 줘서가 아니다. 도망쳤기 때문이다. 어렵고 불편한 대화가 싫어서. 그건 정말이지 나빴다. 평가 결과가 나오기 전에, 혹은 나온 직후에 불편하더라도 팀원들과 마주 앉았어야 했다. '○○는 무엇이 부족해서 이런 평가를 줬어요.'라는 말을 명확하게 해 줬어야 했다. 나중에 따로 이야기를 나누면서 섭섭함을 토로하는 팀원에게조차 나는 끝까지 친절하지 못했다. 나 나름대로 최선을 다했다는 둥, 아쉽지만 이런 걸 보완하면 다음에는 잘할 거라는 둥 좋은 말로 포장하느라 쩔쩔맸으니. 나쁜 사람이 되지 않으려고 애쓰는 팀장을 보며 팀원들의 마음이 풀렸을 리 만무하다.

어쩌면 평가도 능력이 맞다. 모두를 만족시키는 능력이 아니라 피하고 싶어도 피하지 않는 능력, 어려운 말이라도 또박또박 전달하는 능력, 그리고 무엇보다 불가항력의 영역에 대해 미움받는 것을 견뎌 내는 능력이 필요하다.

깔끼빠빠

# #위축되다

"팀장님도 시간 되시면 오세요."

팀원들이 저녁에 한잔한다고, 나보고 시간 되면 오라고 했다. 시간 되면……. 시간은 된다. 항상 된다. 가려고 마음만 먹으면 시간이야 만들면 된다. 하지만 가야 할까? 가도 될까? 시간 되면 오라는 것이 진심일까? 그냥 예의상 한 말일까? 가서 계산만 해주고 와야 할까? 일이 있거나 가기 싫은 자리라면 고민할 것도 없다. 하지만 가고 싶은데 어쩌나. 나는 팀원들이랑 수다 떠는 게 좋고, 저녁 시간의 왁자지껄한 분위기도 좋아한다. 술도 좋고, 맛있는 안주도 좋고, 사람들도 좋은데 단지 팀장이라는 이유로 가지 말까를 고민해야 한다니.

먼저 가서 먹고 있으라고 애매하게 말한 뒤 몇 분 더 고민한다. 가도 오버하는 것 같고, 안 가도 오버하는 것 같다. 그냥 순수하게 내가 가고 싶으면 가면 되지 했다가도 그건 또 아닌 것 같다. 팀장은 그러면 안 될 것 같다. 에라, 모르겠다. 가서 계산이라도 해 주고 오자 싶어 팀원들이 자리를 잡은 회사 앞 식당으로 총총 걸어갔다.

다행히 한 자리가 비어 있었다. "여기 앉으세요. 뭐 드시고 싶으세요? 더 시킬까요? 술은 뭐 드실래요?" 팀원들의 환대에 무장 해제되어 본격적으로 술자리를 즐기려는 찰나, 또다시 이성이 속삭인다. '말 많이 하지 마.' 팀장의 입만 바라보는 회의실의 풍경을 재현하지 않기 위해서라도 나는 입을 꾹 닫아야 했다. 대화 점유율을 차지하는 순간 오늘 술자리는 망한다. 제발, 쉿.

하던 얘기 계속 하라며 나는 열심히 술과 안주를 입에 넣었다. 하하, 호호. 다행히 팀원들은 즐거워 보였다. 나를 크게 신경 쓰지 않는 듯했다. 다행이다. 그러면서도 나는 계속 시계를 본다. 팀장을 안주 삼아 술잔을 기울여야 하는 순간에 내가 초를 치고 있는 건 아닌지, 다들 마음속으로 계산만 해 주고 얼른 갔으면 하고 생각하는 건 아닌지, 적절한 타이밍에 빠져야 할 것 같은데 그 타이밍이 언제인지, 1차인지 2차인지, 지금인지. 아, 이럴 거면 왜 와서 이런 고민을 할까. 그냥 카드만 줄걸.

어찌어찌 한 시간쯤 흘렀을까. 아이를 데리러 가야 한다는 핑계를 대며 가기 전에 빨리 더 주문하라고 했다. "사장님, 여기 어묵탕 하나, 술 하나 더 주세요. 그럼 난 먼저 갈게요." 팀원들의 표정이 아쉬운지, 좋은지 살필새도 없이 부리나케 일어나 계산을 했다.

"잘 먹었습니다! 감사합니다!" 외치는 팀원들에게 손을 흔들고 후다닥 식당을 나왔다. 휴, 숙제를 마친 기분이다. 계산도 해줬고, 말도 많이 안 했고, 적당히 있다 빠졌고, 안주와 술은 맛있었다. 그럼 된 것이다. 나는 최선을 다했다. 정말 최선을 다했다. 그런데 이게 이렇게까지 최선을 다할 일인가요.

## 다면평가

# #두렵다

1년 중 가장 따가운 가시방석에 앉아야 하는 기간이 있으니, 바로 리더십 다면평가 기간이다. 상반기와 하반기, 무려 두 번이나 한다. 윗사람과 아랫사람, 동료들까지 다각도로 평가한다고 해서 다면평가이다. 이름만 들어도 무시무시하다. 팀원들을 평가하는 것도 머리가 지끈지끈하지만 평가를 받는 것 또한 끔찍한 일이다. 뭘 어떻게 할 수도 없다. 점수를 잘 달라고 강요할 수도, 내 의지로 바꿀 수도 없다. 어떤 점수를 받든지 겸허히 받아들이자 생각하며 심호흡을 하고 마음을 다잡는 수밖에. 그래도 어렵다. 몇 번을 해도 여전히 어렵다. 앞으로도 그럴 것이다.

팀장이 되고 처음으로 맞이한 다면평가 기간이었다. 평가 설문을 하고 분석 결과가 나오기까지 2주 걸린다. 평가에 온 신경이 곤두서 있고, 하루 종일 일이 손에 잡히지 않는데도 마치 '다면평가, 그게 뭔데?'라는 표정으로 2주의 시간을 보내는 건 그야

말로 고역이었다. 공부한 내용을 평가하는 시험이나, 열심히 일한 성과를 윗사람에게 평가받는 것도 이렇게까지 괴롭지 않았다. 내가 노력한 결과물에 대한 점수가 아닌 내 인품과 행동에 대한 평가라는 생각에 훨씬 긴장되었다. 생전 처음 나름대로 발휘해 본 리더십에 대한 평가이자, 매일매일 얼굴을 마주치는 팀원들이 그동안 속으로 날 어떻게 생각했는지에 대한 반증이기도 했다. 무서울 수밖에 없었다.

이쯤에서 내 점수는? 다행히 나쁘지는 않았지만 팀장들의 전체 평균 점수도 생각보다 높았다. 팀장들이 대체로 훌륭한 건지, 팀원들이 착한 건지, 아니면 딱히 별로 관심이 없는 건지 모르겠지만 어쨌든 나는 엄청나게 잘하고 있지도, 특별히 못하고 있지도 않는 듯했다. 다행이다. 그거면 됐다. 그런데 뭐가 그렇게도 두려웠던 걸까? 솔직히 5점 만점에 5점이고 싶었다. 그래야 할 것 같았다. 초심의 열정을 불살라 밤낮없이 고민하고 노력한 것을 생각하면 1점이라도 낮은 점수가 나오면 안 됐다. 5점(매우 그렇다)과 4점(그렇다) 사이에서 고민하다가 4점을 주었다는 건 완벽하지 않다는 뜻이다. 뭔가 부족하다는 뜻, 나쁘지는 않지만 최고는 아니라는 뜻이다. 팀원들은 매일 마주하는 팀장이기에 정말 최악이 아니라면 어지간해서는 좋은 점수를 준다는 걸 감안

하면, 4점은 어쩌면 나쁜 점수에 속한다. 나도 그런 마음으로 평가했었고, 지금도 그렇게 내 윗사람과 동료들을 평가한다. 그러니까 만점이 아니라는 건 뭔가가 부족하다는 뜻이다. 그리고 여러 가지 항목들 중에서 1점이라도 낮은 점수를 받은 항목은 내가 특히 약한 부분일 것이다. 그걸 마주할 용기가 없었다. 내 취약성을 마주할 용기, 이번에도 역시 미움받을 용기가 내게는 없었다.

떨리는 손으로 다면평가 결과 화면을 클릭했다. 내 종합 점수, 전체 팀장의 평균 점수, 최하점을 받은 항목 순서대로 눈이 갔다. '항상 자신이 옳고 정답을 가지고 있다고 생각한다.' '권한을 넘기기보다는 지나치게 많은 의사 결정에 관여한다.' '부하 직원의 업무에 통제나 간섭을 많이 한다.' '중요한 결정을 상사를 비롯한 타인의 몫으로 미루려 한다.' 그래, 전부 맞다. 내가 부족한 부분이었다. 처음 팀장을 하면서 제일 어려웠던 부분이기도 했다. 실무자 시절에 내가 제일 잘한다고 생각했던 방식이 틀릴 수도 있음을 인정해야 팀원들을 믿고 맡길 수 있는데 그러지 못했다. 아직 모르는 게 많으니 결정에 자신이 없어서 "전무님께 여쭤보자." 하고 미뤘던 적도 많았다. 팀원들의 눈은 정확하다. 내가 흔들리고 있는 부분을 정확히 알고 있을 뿐 아니라, 그것 때문에 그들도 힘들었다는 걸 평가 결과를 보면서 깨달았다.

그 후로도 여러 차례 다면평가를 받았다. 평균 점수는 비슷하지만 개별 리더십 항목의 점수는 계속 조금씩 바뀐다. 처음에 부족했던 영역의 점수가 올라가고, 전혀 생각지 못한 다른 부분에서 점수가 떨어지기도 한다. 처음에는 그렇게도 살벌하더니 회차를 거듭할수록 조금씩 무뎌진다. 점수가 좀 낮아도, 내가 몰랐던 내 모습을 알게 돼도 이제는 조금 괜찮다. 부족한 부분을 지적받고 알게 되는 건 여전히 불편하지만 알아야 고치니까, 오해가 있으면 풀면 되니까, 무엇보다 나는 완벽하지 않으니까.

어쩌면 다면평가에서의 진짜 평가는 40여 개의 리더십 항목들이 아니라 미움받을 용기인 것 같다. 만약 용기 점수를 매긴다면? 0점에서 지금은 3점 정도로는 올라가지 않았을까. 결과를 보기 직전 심장이 쿵쾅대는 건 영원히 빵점일 것 같지만.

## 접촉 사고

# #위태롭다

아이를 회사 어린이집에 맡기면서부터 차를 가지고 출퇴근한다. 출근길 경로 선택은 무조건 '시간 단축'이 최우선이다. 다행히 옵션이 몇 개 있다. 2차선 도로로 쭉 직진하고 한 번 꺾으면 도착하는 길에는 신호등이 많다. 고속도로는 안 막힐 때는 제일 빠르지만 출근 시간에는 당연히 막히니 선호하지 않는다. 내가 주로 선택하는 길은 샛길이다. 작은 주택과 물류 창고들을 굽이굽이 지나 막판에 큰길로 빠져나오는데, 샛길에는 신호도 없고 차도 거의 없다. 딱 하나 많은 게 있다면 과속방지턱이다. 수도 없이 덜컹덜컹 넘어야 하는 과속방지턱에 멀미가 날 것 같아 한번은 몇 개인지 세어 본 적이 있는데, 1*km*도 안 되는 거리에 26개나 된다. 사람이나 길고양이가 수시로 튀어나오는 골목에서 천천히 달리는 건 당연지사이지만 마음이 바쁜 출근길에는 턱 하나도 야속하다.

하루는 쭉 이어지던 과속방지턱을 다 넘고 큰길에 합류하는 순간이었다. 매일 가는 길이라 능숙하게 깜빡이를 켜고 잘 끼어 들어간 듯했는데 앞차를 쿵 박고 말았다. 뒤차를 신경 쓰느라 앞차가 생각보다 천천히 가고 있는 걸 못 봤나 보다. 다행히 크게 부딪히지 않아서 차도 사람도 외상은 없었지만, 너도 나도 급하고 짜증 나는 출근길에 갑자기 뒤에서 받았으니 얼마나 신경질이 났을까. 상대방도 마음이 급했는지 일단 괜찮다며 그냥 가겠다고 했다. 혹시 아프면 연락 달라고 명함을 주고 다시 출근길을 재촉하는데 오만 가지 생각이 든다. 조심 좀 하지. 벌써 몇 번째야.

내가 뒤에서 쿵 하고 박은 접촉 사고는 100% 내 과실이다. 큰 사고는 한 번도 없었지만 자잘한 사고 몇 번으로 보험료가 계속 올라갔고 차에도 작은 흠집이 많이 났다. 항상 큰길, 과속방지턱이 끝나 본격적으로 달리는 지점에서 여지없이 사고가 났다. 잘 못 본 탓, 딴짓한 탓, 부주의한 탓, 내 멀티 감각을 너무 믿은 탓이다. 이유가 하나 더 있다. 사고가 난 시점을 돌아보면 항상 머릿속에 가득한 생각들이 부유하는 상태였다. 이번에도 그랬다. 부서장이 바뀌면서 모든 게 어수선하고 혼란스러운 나날이었다. 팀에서 일할 사람은 그대로인데 윗선이 바뀌니 팀 전체가 변화와 혁신을 요구받았고, 기존의 일은 덜어 낼 수 없었다. 매일매일 시행착오를 거듭했다. 뭐가 맞는지 나도 모르겠는데 팀원들에게는 가이드를 주어야 했다. 선부르게 판단해서 일을 지시했는데, 알고 보니 그렇게 하면 안 되는 경우도 허다했다. 새롭게 같은 부서로 재편된 옆 팀과도 잘 풀리지 않았다. 집에서는 막 초등학생이 된 아이의 엄마로서 갈팡질팡했고, 남편의 일도 불안정했다. 매일매일 크고 작은 사고의 연속이었다. 길에서뿐만 아니라 일터에서도, 가정에서도 나는 수시로 부딪히고 있었다.

조심해야 하는 걸 뻔히 알면서도 사고가 날 때는 알아서 조심하게 해 주는 장치가 필요하다. 좁은 길에 멀미가 날 만큼 솟아 있던 과속방지턱이 그것이다. 자주 가는 익숙한 길이라도 과속방지턱은 제 역할을 한다. 거기에 턱이 있다는 걸 알면 알아서 속도를 줄이니까. 바퀴가 터지지 않으려면 조심할 수밖에 없다. 그러니 사고도 안 난다. 일상에도 과속방지턱이 있다. 늦게 퇴근하는 날이 지속된다거나, 아침에 몸이 천근만근이라거나, 남편과 사소한 일로 부딪힌다거나 등등. 이런 신호들을 불편하다고 무시하고 원래 속도로 계속 달리다 보면 언젠가, 어디선가 사고가 난다. 천천히 호흡을 가다듬고 신중하게 가야 한다. 과속방지턱은 하나만 있어서는 안 된다. 잠시 조심했다가도 그때뿐이니 말이다. 과속할 만하면 한 번씩 브레이크를 밟을 수 있도록 반복적으로, 여러 개가 있어야 한다. 나라는 사람은 그 정도는 되어야 속도를 줄인다.

사고가 나고 한 달쯤 후였나, 뜬금없이 보험사에서 연락이 왔다. 상대편이 병원에 다녔다고 대인 접수를 하겠다는 것이었다. 차에 자국도 안 남았었는데, 병원이라고? 이런, 잘못 걸렸다. 하지만 어쩌겠는가. 이미 내가 낸 사고인데. 이래서 조심해야 한다. 잊을 만하면 한 번씩 찾아오는 '그때 친 사고의 잔여물들'이 조금 괜찮아진 상태의 나를 언제든지 또 괴롭힐 수 있으니. 앞으로는 출근길의 26개 과속방지턱을 미워하지 않기로 했다. 대신 턱을 넘을 때마다 내 일상의 속도 역시 조금씩 줄여보는 게 어떨까.

## SUMMARY

그저 처음 하는 일이기에 막막하고 떨리는 거라고 단정짓기엔, 팀장이 되어 느끼는 두려움의 종류는 조금 다른 것 같다. 예를 들면 이런 것들이다.

'지금까지처럼 인정받을 수 있을까?'

'지금까지 해 왔던 방식대로 한 건데, 왜 내 마음처럼 안 되지?'

'팀원들이 나를 어떻게 생각할까? 윗사람은? 옆 팀 팀장은?'

실무자로서 인정받고 칭찬받았던 나름대로의 '성공 방정식'을 그대로 대입할 수 없을 때, 혹은 그대로 대입했는데 예상한 답을 얻지 못할 때마다 눈앞이 캄캄해졌다. 그 성공 방정식을 『리더의 용기』를 쓴 브레네 브라운은 "두꺼운 갑옷"이라고 표현했고, 『팀장으로 산다는 건』의 저자 김진영 님은 "자기 확신—비극의 씨앗"이라고 했다. 그것은 라이언 홀리데이의 『에고라는 적』에서 설명한 "내가 가장 대단한 존재라고 믿는 믿음—에고(ego)"이기도 했다. 아는 척, 멋진 척, 괜찮은 척하기 위해 갑옷으로 겹겹이 무장한다고 해서 진짜 괜찮아지는 것도 아니었고, 내 얄팍한 경험에서 비롯된 확신은 번번이 빗나갔다. 윗사람에게 맞추면 팀원들이 힘들어했고, 팀원들에게 맞추자니 상사나 동료와 부딪혔다. 지금까지의 회사 생활과는 차원이 다른 혼란스러운 시간이었다. 처음 무대에 설 때의 두려움이 '긴장감' 수준이라면, 지금까지 내가 해 왔던 성공의 방식이 '더 이상 안 먹힌다는 걸' 깨닫는 순간의 두려움은 훨씬 더 끔찍했다. 마치 열심히 연습한 노래를 무대에서 막 부르려는데 다른 노래의 반주가 나올 때, 가장 공들여 준비한 장면에서 관객들의 반응이 싸할 때 느끼는 오싹한 느낌에 가까웠다. 그렇다고 팀장이 되기 이전으로 되돌아갈 수는 없었다. 누가 대신해 줄 수 있는 일도 아니었기에, 방법은 하나였다. 용기를 내는 것. 지금까지 내가 잘해 왔던, 나를 팀장으로 만들어 주었던 실무자 시절의 경험치와 노하우를 내려놓고 다시 시작하는 용기와, 처음이라 엉망진창이고 실수투성이인 내 모습을 있는 그대로 인정하는 용기가 필요했다. 더불어 주변 사람들의 기대에 하나하나 부응하려는 시도를 멈추고, 내 가치관에 따라 맞든 틀리든 무언가를 결정해 나가는 용기까지 필요했다.

팀장이 되었을 때 가장 먼저 읽어야 하는 책은 '성과는 어떻게 만들고 팀원 평가는 어떻게 해야 한다'는 방법론이 아니라 나 자신에 대해 최대한 객관적인 시선을 가질 수 있도록 돕는 책이라고 생각한다. 팀장의 삶은 잠깐 하고 말 단거리 경주가 아니라 앞으로 남은 사회생활을 리더로서 살아가게 될 출발점인 만큼 긴 호흡으로 준비해야 한다. 장거리를 뛰기 위해서는 일단 내 체력의 한계치를 먼저 가늠해야 하듯, 나의 취약성과 상황적인 어려움을 객관적으로 인식하고 인정하며 매 순간 진정성을 가지고 팀장의 삶에 임하는 훈련이 선행되어야 하기 때문이다. 더 현실적인 이유로는, 시간이 지날수록 팀장의 개인적인 성찰과 성장에 할애할 수 있는 시간이 점점 줄어들기 때문이기도 하다. 1년 정도가 지나면 본격적인 성과 전쟁으로 눈코 뜰 새 없이 바쁠 테니까. 그 전에 미리 연습해 놓지 않으면 안 된다.

## 팀장들에게 추천합니다!

### 브레네 브라운, 『리더의 용기』

'취약성 인정하기, 가치관에 따라 살아가기, 대담하게 신뢰하기, 다시 일어서는 법 배우기'의 네 단계로 리더가 가져야 할 용기를 세세하게 분석하고 연습시켜 주는 책이다. 갑옷으로 무장한 상태로는 나 자신을 보호하고 지킬 수는 있어도 성장의 가능성은 없다. 저자는 더 나아지기 위해서는 갑옷을 벗어야 한다고 말한다. 갑옷을 입지 않고도 가치관에 따라 옳은 결정을 내릴 수 있고, 사람들에게 신뢰를 얻으며, 실패해도 금방 일어날 수 있다면 더 이상 갑옷이 필요 없다. 대담한 리더십은 거만하고 강력한 리더십과는 다르다. 역설적으로 자신의 약한 모습을 인정하고 그것을 드러내야 하지만, 그렇다고 무조건 '난 부족해'라며 자신을 낮추고 동정심을 구하고 책임을 회피하는 건 아니다. 자신의 취약성을 담담히 인정하고, 상황을 있는 그대로 받아들이며, 거기서 개선의 포인트를 찾고 함께 성장하는 것이 저자가 말하는 '리더의 용기'이다.

### 라이언 홀리데이, 『에고라는 적』

이 책에서의 '에고(ego)'는 여러 가지 복잡한 심리학 개념이 아니라, '내가 최고라는 믿음'을 뜻한다. 허황된 자만심이기도 하고 과도한 자기 긍정이기도 하다. 자기 자신을 사랑하는 것은 중요하지만, 현실적이고 이성적이지 못한 지나친 자기애는 결국 스스로를 파괴한다는 것이 저자가 책을 통해 말하고자 하는 메시지이다. 직장 생활에서 에고가 가장 팽창되어 있는 상태를 꼽으라면 바로 승진 시점이 아닐까 한다. 그간 열심히 해 온 것을 회사가 인정하여 직위를 주고 책임을 맡기면, 갑자기 모두가 나만 쳐다보는 것 같다. 잘하고 싶고, 잘할 수 있을 것 같다. 하지만 그러한 열망이 지나쳐 경거망동하거나, 작은 성공에 우쭐대거나, 처음 맛보는 실패에 금방 무너지기 일쑤다. 그것이 에고의 부작용이다. 감투를 쓴 기쁨에 취해 자기 자신을 똑바로 쳐다보지 못하게 만들기 때문이다. 저자는 에고를 대체하는 덕목으로 단단한 겸손함과 자신감을 꼽았다. 거대한 야망 대신 구체적이고 현실적인 계획으로 하루를 채우고, 그것을 묵묵히 해 나가는 여정이야말로 에고에 휘둘리지 않는 건강하고 성숙한 팀장의 삶이라는 교훈을 얻을 수 있는 책이다.

내게 익숙한 것이 팀원들에게는 익숙하지 않으며,
지금까지 당연했던 것들이 이제는 당연하지 않다.
그런 변화를 마치 익숙한 듯 당연하게 받아들여야 할 때
낀 세대의 내적 갈등이 시작된다.
과거의 경험이 만든 나란 사람의 역사와
지금부터 만들어야 할 새로운 가치관이 충돌하는 데서 오는
내면의 잡음이다.

# 2
# 불편함

느끼는 주요 감정들

#어이없음 #조심스러움 #민망함 #어려움 #버거움 #까칠함

**Q 왜 저러지? 왜 내 마음 같지 않지?**

**A 나만의 원칙이 필요해.**

## 길들이기

# #어이없다

결혼하고 나서 얼마 안 되었을 때이다. 집안일을 가지고 네 일이니 내 일이니 옥신각신 다투는 건 으레 비슷한 신혼의 이슈이기에, 친구나 동료들과 이런 얘기를 하면 여지없이 나오는 말이 있었다. “신혼 때 길을 잘 들여놔야 돼.” 재미있는 건 남자도 여자도 각자의 입장에서 같은 소리를 한다는 거였다. 남자들은 아내를 길들이느라 일부러 늦게 들어간다고 했고, 여자들은 자기는 일부러 부엌에 안 간다며 남편을 길들이는 중이라고 자랑하듯 말했다. 그런데 잘 모르겠다. 길들인다는 표현은 상대방을 내가 원하는 방식으로 생각하고 행동하게 한다는 건데, 애완동물도 아니고 사람을 길들인다고? 그것도 사랑해서 결혼한 사람을? 이런 얘기를 하면 신혼이라 사랑 타령한다고 놀림을 받곤 했다. 아직도 잘 모르겠다. 서로가 서로를 길들이면, 결국 누가 누구한테 길이 드는 것일까. 그냥 그렇게 서로 길들이며, 길들면서 사는 게 부부인 걸까.

팀장이 되고 나서 오랜만에 이 얘기를 또 들었다. 친한 선배가 팀장 된 걸 축하한다며 밥을 사겠다고 해서 만났는데, 팀장은 할 만하냐고 몇 마디 묻더니 대뜸 이런 말을 한다.

"초반에 팀원들 길을 잘 들여놔야 돼."

깜짝 놀라 물었다.

"팀원을 길들이는 게 뭐죠?"

"팀장이 하라는 대로 하게 만들어 놔야 된다고."

당연히 팀장이 하라는 대로 하겠지. 직장 생활이 다 그런 거 아니야? 잘 모르겠다는 표정을 짓고 있으니 선배가 답답하다는 듯 말했다.

"다는 아니어도, 팀장이 죽으라면 죽는 시늉이라도 하는 팀원이 하나쯤은 있어야 된다니까. 그래야 네가 편해."

도무지 이해가 되지 않았다. 무슨 부정을 저지를 것도 아니고 회사 일인데 하라는 대로 하지 않을 팀원들이 있을까 싶기도 했지만 죽는 시늉을 대체 왜? 죽으라고 할 것도 아닌데. 길들인다는 것의 다른 표현은 '충성'이다. 나에게 충성을 바칠 한 사람을 만들라는 것, 내가 무슨 짓을 시켜도 두말없이 'yes'라고 말할 든든한 내 편을 하나 두라는 것이었다. 그렇게 해 두면 혹시라도 정말 난처한 일을 맡게 되었을 때 그가 내 수족이 되어 줄 수 있고, 더불어 그 친구의 모습을 보며 다른 팀원들도 내게 호의적인 쪽으로 돌아올 수 있다는 게 선배의 논리였다. 그런 게 요즘 세상에 가능할까? 충성하는 한 명을 어떻게 키우지? 밥 사 주고 술 사 주면 길들여지나? 충성을 한다는 건 자기도 바라는 게 있다는 얘기인데. 결국 라인을 만들라는 건가? 어쩌지, 나는 해 본 적이 없어 모르는데. 어떻게 하는지도 모를뿐더러 솔직히 그렇게까지 해야 하나 싶었다. 마음이 무거웠다.

팀장 생활을 조금 더 해 보니 무슨 뜻인지 조금은 알 것 같긴 하다. 든든한 내 편, 무조건 'yes'라고 대답하는 충성맨, 내 마음도 잘 이해해 주고 급한 일이 있을 때는 눈치 빠르게 대신 손발이 되어 움직여 주고 다른 팀원들과 나 사이의 교량 역할도 하는 그런 팀원이 당연히 있으면 좋겠다. 하지만 그건 길들여서 될 일은 아니지 않나. 억지로 한 명을 붙잡아 밥 사 주고 술 사 준다고 될 일인지, 중요한 일을 한껏 몰아주고 무조건 평가를 잘 주면 길들여지는 것인지. 그렇게 가공된 관계가 진실될 수 있을까. 설령 나한테 충성을 한들, 그 속에 진심이 없고 자신의 필요에 의한 거라면 그건 더더욱 슬픈 관계란 생각이 든다. 원래 다 그런 거라고, 그런 게 사회이고 직장 생활이라고 말하면 할 말 없지만.

2021년 4월, MBC 예능프로 〈아무튼 출근〉에 등장한 카드 회사에 다니는 12년 차 직장인 이동수 씨는 자신의 삶을 일보다 중시하며 자유분방하게 살아간다는 점에서 '신인류 직장인'으로 소개되었다. 후에 그가 다른 곳에서 하는 강연을 들었는데, 나는 삶 자체가 자유이자 취미 생활인 그의 독특한 일상보다도 매 순간 모든 이들에게 진심인 그의 태도에 더 큰 매력을 느꼈다. 어쩌면 그의 자유로움은 그 진심에서 오는 게 아닐까 싶다. 윗사람이든, 동료든, 고객이든, 가족이든, 심지어 자기 자신에게까지도 진심인 사람. 그저 매사에 진심이기에 솔직할 수 있고, 솔직하니까 자유로울 수 있는 그의 사고방식이 참 편안해 보였다. 그에게 만약 '길들이기'에 대해 묻는다면 뭐라고 답할까. "왜 길들여야 해요?"라고 되묻지 않을까.

나도 모르겠다. 순진한 허니문 같은 소리라고 해도 할 수 없다. 나는 충성맨은 필요 없다. 그저 같이 일하는 사람들끼리 서로 알아가고, 맞춰가고, 가끔 삐걱대기도 하면서 익숙해지는 관계이고 싶다. 그렇게 서로 서서히 물들어가며 같은 팀에 있든, 다른 팀으로 가든, 회사를 떠나든 오래도록 만남을 지속하고 싶다. 그런 게 진짜 좋은 관계 아닐까? 부부든, 팀이든.

## 1:1 미팅

# #간절하다

친한 팀장이 점심을 먹자기에 오늘은 팀원과 면담 날이라 안 될 것 같다고 했더니 깜짝 놀란다.

"왜, 퇴사한대?"

그냥 한 달에 한 번, 팀원과 돌아가며 1:1로 얘기하는 시간이라고 했더니 또 한 번 놀란다.

"너 아직, 열정이 있구나. 그걸 매달 하다니."

맞다. 열정이다. 팀장 교육 때, 모든 팀원들을 모아 놓고 하는 회의는 최대한 줄이고 개별적으로 이야기를 듣고 코칭하는 1:1 미팅(원온원 미팅)을 하라는 강사의 이야기가 꽤 그럴 듯했기에 지금까지 1년 넘게 매달 실천하고 있다. 배운 대로 실천하려는 의지와 내가 노력하면 뭔가 좋아질 거라는 믿음이 있는 상태, 신임 팀장한테나 가능한 이 초심의 열정이 경험치 가득한 선배 팀장들의 눈에는 딱하게만 보였나 보다. 1:1 미팅에 대해 이야기할 때마다 돌아오는 답은 하나같았다.

"면담을 왜 점심시간에 해? 팀원들이 싫어해."

"1시간 동안이나 할 얘기가 있어?"

"아무리 밥 사 주고 술 사 주고 해도 나갈 사람은 다 나간다. 내 돈만 아깝지."

정말 그런가. 그럴 수도 있겠다. 그런데 솔직히 말하면 이 루틴은 팀원들을 그만두지 않게 하려고 시작한 게 아니었다. 순전히 나를 위해서였다. 이제까지 옆자리 동료였던 팀원들과의 관계를 다시 정립하기 위해서는 먼저 팀원 한 명 한 명과 팀장 대 팀원으로 나누는 대화가 필요했다. 팀장이 되고 보니 동료로서 대할 때와는 완전히 다를뿐더러, 사실상 나는 그들의 역량이나 관심사, 일을 대하는 태도에 대해 아는 것이 하나도 없었기 때문이다. 일을 하다 보면 팀원 각자에게 관심을 갖기보다는 뭉뚱그려서 보게 되고, 그러면 자칫 튀는 친구만 계속 눈에 보인다든지 알팍한 결과로만 팀원들을 평가하게 될 것 같아 두려웠다. 여기저기서 쓸데없이 나불대는 이들로 인해 생긴 선입견도 지우고 싶었다. 이야기를 나눠 봐야 알 것 같았다. 그것도 깊이 있게, 오롯이 그에게만 주의를 집중해서 이야기를 주고받아야 그나마 아주 조금 그 친구에 대해 알 수 있을 거라 생각했다. 그래서 회사

근처 카페를 돌아다니며 충분히 이야기하려고 했고, 가끔은 밥도 먹었다. 대화라는 게 한 번 두 번 해서는 모르고 매달, 정기적으로 꾸준히 해야 아는 법. 계속 하다 보니, 처음에는 무슨 이야기를 해야 하나 멀뚱멀뚱하던 팀원들도 조금씩 자연스럽게 자기 이야기를 했다. 뭐가 고민이고, 뭐가 잘 안 되고, 뭐가 헷갈리는지. 이야기를 듣다 보면 확실히 그에 대해 잘 이해하게 되었다. 내가 팀원들을 이해하는 만큼 팀원들도 나를 이해하게 되겠지. 그렇게 우리는 한 팀으로 성장해가는 거라 믿었고, 믿고 싶었다.

모든 일이 그렇듯, 1년쯤 지나자 슬슬 타성에 젖어갔다. 바쁜 일정에 뒤로 밀려 남는 시간에 간신히 미팅을 하기도 했고 '해야 하니까 하는' 형식적인 느낌도 들었다. 방식의 변화든, 내용의 변화든 조금은 달라질 필요가 있겠다 싶을 즈음 팀원 둘이 그만두면서 본격적으로 현타가 왔다. 그렇게 열심히 얘기를 들어 줬는데, 최선을 다해 이해하고 독려했는데 그만두다니. 하지만 돌이켜 보면 이야기를 들었다고 그들의 힘든 부분이 딱히 해결된 건 아니었다. 예를 들면 이런 것이다. 다른 팀하고 같이 일하는 게 힘들다고 했던 A는 그 팀에서 해야 하는 일까지 자기가 다 하고 있는 것 같다고 했다. 그렇다고 당장 그 팀에 찾아가 일을 가져가라고 싸울 수는 없었다. 결국 열심히 팀원을 다독였다. '힘든 거 안다. 그래도 해야지 어쩌겠니.' B는 지금 하고 있는 일이 재미없다고, 그 일 말고 다른 일을 하고 싶다고 했다. 한 명이 원한다고 팀 전체의 업무를 들썩일 수는 없기에, 일단은 새로운 사람을 충원할 때까지 기다려 달라고 말했다. 하지만 사람 한 명 뽑는 게 그리 쉬운 일이 아니라 그렇게 또 몇 달이 흘렀고, 그 사이 매번 돌아오는 1:1 미팅 시간에는 같은 얘기만 반복할 수밖에 없었다. "힘든 거 알아요, 고생했어요, 생각해 볼게요, 알아볼게요." 그 말을 1년 내내 반복하다 보니 문득, 내 선에서 해결해 줄 수 있는 게 별로 없다는 사실에 무력감이 밀려왔다. 몰라서 못하는 건 그렇다 쳐도, 아는데 해결할 수 없는 건 또 다른 좌절이다. 하긴 팀장이 무슨 힘이 있다고. 사이에 끼어 있는 직장인에 불과한 팀장을 스스로 너무 과대평가한 건 아닐까? 그래도 팀원들 입장에서는 해결해 주길 바라면서 고민을 털어놓지 않았을까? 이쯤 되니 근본적인 의문이 든다. 팀원들의 생각을 왜 다 알아야 할까? 어차피 듣는다고 다 해 줄 수도 없고, 그들도 어차피 다 말하지 않을 텐데. 차라리 얘기를 듣는 시간이 없었다면, 어영부영 분기가 지나고 1년이 지나 그렇게 시간이 흐른 후 팀원이 사실 힘들었다고 한들 몰랐다고 하면 그만인데. 나는 왜 팀원들과의 대화를 시작하는 바람에 이 어려움을 자처한 걸까. 역시, 선배 팀장들이 현명한 거였구나. 다 이유가 있었구나.

그럼에도 다시금 이번 달 1:1 미팅 일정을 잡는다. 헷갈릴 때는 초심을 떠올린다. 처음 어색하게 마주앉아 1:1 미팅을 시작했을 때의 초심. 처음부터 나를 위해 시작했던 이 대화가 지금도 내게 꼭 필요한 시간이라는 데에는 변함이 없다. 팀원들을 이해하고, 서로의 고민을 나누는 시간. 설령 해결해 줄 수 있는 게 없다 해도 내가 무엇을 해야 하는지는 알 수 있다. 한 달이라는 시간은 정신없이 훌쩍 지나가버리는 짧은 시간이지만, 그 시간의 과정과 결과는 팀원들과 내가 매일매일 같이 만들어야 한다. 그 시간을 좀 더 잘 보내기 위해 아주 잠깐 머리를 맞대는 시간으로 1:1 미팅을 정의하면 어떨까. 나 혼자서는 답을 찾을 수 없으니 팀원들이랑 같이 고민하는 시간 말이다. 여전히 그 시간은 나를 위한 시간이다. 그러니까 팀장들의 오해이다. 팀원들을 위해 억지로 시간을 내고 밥을 사는 게 아니다. 내가 필요해서 하는 시간이니, 다른 팀장들이 뭐라고 하든 못 들은 척하기로 한다. 대신, 너무 많은 것—예를 들어 그 시간에 뭔가 해결책을 내놓는다거나, 팀원의 마음을 얻는다거나 하는 등—을 욕심내지는 않겠다. 욕심이 과하면 좌절도 크다는 걸 이제는 아니까.

## 험담

# #조심스럽다

'○○는 너무 생각 없이 일을 해.' '××는 착하긴 한데 너무 느려.' '△△은 말끝마다 토를 달고…….' 입만 열면 자기 팀원을 흉보는 팀장이 있다. 이 팀원은 이렇고 저 팀원은 저래서 자기가 힘들어 죽겠다는 것이다. 공감해 주는 것도 한두 번이다. '그래도 그 친구는 글은 잘 쓰잖아요?' '네트워크가 좋잖아요?' 등등 생각나는 대로 방어해 주면 그런 건 아무 쓸모가 없다며 손사래를 친다. 가끔, 아주 가끔 그 팀장이 "그 친구 일 잘해요."라고 칭찬할 때가 있다. 그래서 "정말요? 팀장님이 칭찬할 정도면 진짜 훌륭한가 보네요." 하면 심드렁하게 말한다. "아, 그 정도는 아니고." 그럼 그렇지. 그러고는 꼭 덧붙인다. "내가 그동안 얼마나 고생했는지 알죠. 그 친구 사람 만드느라." 아, 그러시겠죠. 고생이 참 많으십니다.

처음 팀장이 되었을 때 선배 팀장들이 조언이라는 명목으로 건넨 이야기 중에 가장 쓸모없었던 건 우리 팀원들에 대한 정보였다. 그 친구는 이렇다, 저렇다, 과거에 어땠다, 이런 게 약하다 등등 좋은 얘기는 별로 없었다. 이 친구들과 직접 일을 해 본 적도 없는 사람들이 어디서 떠도는 이야기만 듣고 와서는 정보라고 전해 주는 말들에 처음에는 당연히 신경이 쓰였다. 진짜면 어쩌지. 이런 친구들을 데리고 어떻게 일을 하지. 하지만 다 헛소문일 뿐이었다. 직접 겪어 본 우리 팀원들은 하나같이 똑똑하고, 착하고, 따뜻하며, 욕심 많은 친구들이었다. 잘 알지도 못하면서 남 얘기하기를 즐기는 사람들에게 신임 팀장은 훈수 두기 좋은 상대일 뿐이었다는 걸 나중에서야 알았다.

물론 팀원들이 항상 100% 내 마음에 들 수는 없다. 하루는 부서장에게 급히 보고할 자료를 정리해 오라고 담당 팀원에게 지시했는데 그가 내 생각과 다르게 만들어 가져왔다. 수정할 시간은 없고, 아쉬운 대로 일단 자료를 들고 부서장실로 갔는데 하필 말하기 좋아하는 L 팀장이 앉아 있었다. "이따가 다시 오겠습니다." 하고 문을 닫으려는데 부서장이 급하니까 그냥 보여 달라고 했고, 자료를 훑어보더니 이게 아니라며 미간을 찌푸렸다. 예상했던 일이다.

"네, 알고 있었습니다. 제가 맞게 지시했는데 ○○가 잘못 알아들어서 이렇게 해 왔습니다."라고 말한들 내 허물이 없어지지 는 않는다. 다시 하겠다 말하고 나왔다. 다 내 잘못이다. 지시를 더 명확하게 하지 않은 것도, 미리 챙겨서 봐 주지 않은 것도, 이럴 때를 대비해 사전에 가르쳐 두지 않은 것도, 어쩌면 그 친구에게 이 일을 맡긴 것도 전부 다.

답답한 마음을 꾹 누르며 팀원에게 피드백을 전한 후 자리에 앉았는데, 바로 메신저 알림이 뜬다. 부서장에게 보고할 때 옆에 있던 L 팀장의 메시지였다. '그거 ○○가 한 거죠? 으이구, 잘 좀 하지.' '아, 네. 제가 잘해야죠, 뭐.' 하고 어물쩍 넘기려는데 그가 말을 잇는다. '그 친구가 좀 눈치가 없죠? 예전 팀에서도 그래서 팀장 속 좀 썩였나 보더라고요.' 아, 어쩌라고요. 지금 이걸 위로라고 하고 있는 건가. 부서장에게 혼난 것보다 몇 배로 더 부아가 났다. 자기가 뭔데, 잘 알지도 못하면서. 설사 잘 안다 쳐도, 그래서, 팀원 바꿔 줄 거야? 아니면 데려가서 교육이라도 시켜 주게? 결국 내 팀원은 내 몫이다. 내 팀원을 흉보는 건 나를 흉보는 것과 같다. 처음부터 위로가 목적이 아니었다. '그런 팀원을 두다니, 안됐다. 우리 팀원들은 안 그러는데.'라는 우월감의 표현이었으리라. 생각할수록 화가 났다. 자기네 팀원은 뭐 다 잘하나? 자기나 잘할 것이지. 아이가 밖에서 혼나고 오면 '왜 그랬어!' 하면서도, 내 자식을 혼낸 그 어른이 밉다. 아이니까 그럴 수도 있지, 이게 뭘 그렇게 혼낼 일이라고. 거기서 상한 마음을 아이에게 더 큰 소리로 푸는 게 문제이긴 하지만.

팀장들끼리 지켜야 하는 상도 중 첫 번째는 말조심인 듯하다. 특히 팀원에 관해서는 상호 간에 입을 닫는 것만이 정답이라고 나는 믿는다. 내 팀원을 신나게 욕하는 것이나 다른 팀의 팀원을 흉보는 건 물론, 매사에 우리 팀원들을 싸고도는 것도. 심지어 자기네 팀원들이 너무 좋다고 떠들고 다니는 것도 구설수에 오른다. 그 팀은 팀장이 팀원들을 참 좋아하는데 팀원들은 팀장을 싫어한다더라, 팀원들이 그렇게 좋은데 성과가 왜 그 모양이냐, 팀원 잘 만났다고 자랑하는 거냐 등등. 참 피곤한 세상이다.

화가 나면 뒷담화도 하고 싶고, 잘했을 때는 자랑도 하고 싶다. 팀장도 사람이니까. 하지만 팀장이 어려운 이유가 그것이다. 내 손으로 절대 통제되지 않는 성인 여럿이 내 관리의 영역이 되면서 잘하든, 못하든 고스란히 다 내 몫이 되는 것. 팀원들이 어디 가서 욕 안 먹고 잘한다는 소리를 들어야 내가 잘되고, 때로는 내가 손 쓸 수 없는 영역 때문에 욕을 먹는 것도 감당해야 한다. 그러니 굳이 나서서 불씨를 만들지 말고, 그저 유일하게 통제할 수 있는 각자의 입이나 잘 지키자고요, 팀장님들.

## 자율 출근

# #민망하다

워라밸(Work & life balance)이 중요해지면서 많은 회사들이 '자율 출근 제도'를 도입했다. 일에 집중하는 시간과 개인의 삶을 위한 시간을 알아서 정하고, 정해진 근무 시간만 채우면 그 안에서 자유롭게 움직이라는 뜻이다. 상당히 합리적인 정책이지만 그러려면 철저하게 성과 중심의 자율과 책임의 문화가 선행되어야 할 텐데, 그 부분에서 팀장들이 상당히 고생하는 듯하다. 과거 '출근 시간을 지켰는가.' '야근을 얼마나 했는가.'와 같은 쉽고 간단한 방법으로 평가할 수 있었던 성실 점수가 더 이상 유효하지 않다. 오로지 일로써 역량과 태도를 모두 평가해야 한다. 평가만 하는 게 아니다. 모두의 자유를 보장하는 것과 동시에 그들이 성과를 낼 수 있도록 일을 잘 세팅하는 것도 팀장의 몫이다. 성과로 이어질 수 있는 일을 찾아 역량에 맞게 배분하고, 주어진 시간 내에 잘할 수 있도록 명확히 지시하고, 적절히 피드백을 해야 한다. 자유로움 속에서 우리만의 규칙을 만들고, 서로 협업할 수 있게 하는 것도 숙제이다. 무엇보다 출퇴근 시간은 성실성과 아무 관련이 없다는 걸 머릿속에 장착하는 노력까지, 요즘 팀장들은 해야 한다.

이런 고민이 나로서는 상당히 아이러니한데, 출퇴근의 자율이야말로 내가 평생에 걸쳐 바라 왔던 것이기 때문이다. 나는 어렸을 때부터 지각을 참 많이 했다. 시간관념이 별로 없어서 출발 시간이 거의 임박해서야 집에서 출발하곤 했다. 학창 시절에는 아침마다 운동장을 돌았고, 대학교 때는 항상 맨 뒤에 앉았으며, 팀원 시절에는 간신히 정시에 근태기를 찍거나 1~2분을 꼭 넘겼다. 시간 개념이 없는 건 아침저녁을 가리지 않았기에 야간 자율학습 때도 꼭 끝까지 교실에 남아 있다가 마지막 불을 끄고 나왔고, 회사에서도 야근을 밥 먹듯이 했다. 12시를 넘기는 날도 잦았다. 퇴근이 늦으니 늦게 자고, 아침에 허둥지둥 출근하는 일이 무한 반복되었다.

문제가 있다고는 생각했지만 바꿔보려는 노력을 크게 하진 않았다. 심지어 '나는 밤낮없이 열심히 일하니까 지각 좀 해도 괜찮겠지.' 하고 생각했다. 하지만 그런 일은 있을 수 없었다. 지각할 때마다 팀장에게 불려가서 혼났고, 그게 싫으면서도 도무지 빠릿빠릿하게 움직이지 못하는 내 몸뚱이를 탓하느라 아침마다 전쟁이었다. 아이를 낳고 복직한 직후에는 아이까지 더불어 챙겨 나오느라 지각하는 날이 안 하는 날보다 많았다. 평가 시즌이 되었을 때, 당시의 팀장이 나를 조용히 불렀다. '너 고생하는 건 아는데, 평가를 잘 주고 싶어도 매일 늦게 온다고 위에 찍혀서 좋은 평가를 줄 수가 없다. 가까운 데로 이사를 오든지, 아이를 다른 가족한테 맡기든지 방법을 찾아봐라.' 팀장도 오죽 답답했으면 이런 말을 했을까. 근태는 조직 생활의 기본이다. 기본이 안 되어 있는 팀원에게 좋은 평가를 주려면 누구도 반박할 수 없는 엄청난 성과가 있어야 할 것이다. 혼자 일 년 치 돈을 벌어 왔거나, 위기에 빠진 회사를 구했거나.

그랬던 내가 팀장이 되었다. 팀장은 정해진 출퇴근 시간이 없다. 관리자이므로 자기 시간 정도는 알아서 관리해야 한다는 뜻이다. 새벽부터 나와서 일을 하든, 밤을 새든 물리적인 시간에 대한 초과 수당이 따로 주어지지 않는다는 뜻도 포함이다. 평생 지각과 싸워 왔던 나 같은 사람으로서는 초과 수당이고 뭐고 그저 좋았다. 이제 아침에 좀 여유를 부릴 수 있겠다 싶었다. 하지만 그렇지도 않다. 아이를 등원시키느라 30분쯤 늦게 출근하는 나와 달리, 다른 팀장들은 대개 출근 시간 훨씬 전부터 나와 있는 데다가 앉아 있는 직원들 사이를 지나 제일 안쪽 자리까지 걸어가는 길은 왜 이렇게 긴지. 근태 기록보다 더 무서운 건 주변의 시선이다. 이제 내게 주어진 자율권을 행사할 때가 왔다. 좀 서둘러서 일찍 오든지, 아니면 시선을 그냥 무시하든지. 나는 후자를 택했다. 이유는 두 가지였다. 오랜 시간 체화된 습관을 갑자기 고칠 수도 없거니와 굳이 그럴 필요가 없었다. 팀원들이 나보다 더 늦게 왔으니까.

나는 팀장이 되고 나서야 처음 맛본 자율이 팀원들에게는 이미 제도적으로 돌아가고 있던 익숙한 개념이었다는 걸 얼마 후에 알았다. 팀원들은 이미 선택적 근로 시간제를 활용해 8시~10시 사이에 자율적으로 출근하고 있었다. 어떤 날은 출근하면 팀원들이 아무도 없다. 누구는 휴가, 누구는 10시 출근, 누구는 9시 출근. 초반에는 그럴 때 왠지 옆 팀 사람들이 다 우리 팀만 쳐다보고 있는 것 같아 얼굴이 따끔거렸다. 자유로움이 아니라 대책 없어 보일까 봐, 유연한 팀장이기보다는 팀원 관리에 미숙한 팀장으로 보일까 봐. 그동안 일만 제대로 하면 근태는 상관없지 않느냐고, 출근 시간만 늦은 것뿐 일은 더 많이 한다고 주구장창 말해 왔던 나였지만 하필 내가 팀장이 된 이후에 이렇게 동시다발적으로 자율이 난무하다니. 왠지 좀 삐뚤어지고 싶다! 하지만 나도 늦게 오는데, 뭐. 그냥 마음 편하게 먹고 그렇게도 갈망했던 출퇴근의 자율을 본격적으로 누려보기로 한다.

근태란 정해진 근로 시간과 그에 상응하는 보상의 이슈이다. 그러니까 회사와 직원 개개인 사이의 문제이다. 팀장은 팀의 시간을 관리하는 차원에서 개개인의 근무 시간을 확인할 뿐이다. 각자 몇 시부터 일을 시작하겠다고 약속한 시간을 지키기만 한다면 사실 아무 문제가 없다. 평가와도 별개이다. 성실 점수랑 상관없다는 이야기이다. 이에 대해 부대끼는 마음부터 버리기로 한다. 다만, 각자 자유롭게 움직이는 팀원들의 시간표 속에서 팀장인 내 하루의 시간을 관리하는 것에는 좀 더 능숙해질 필요가 있다. 쉽지는 않다. 팀원에게 일을 시키려고 하는데 아직 출근 전이고, 갑자기 뭐가 생각나서 말하려고 보면 점심시간이고, 갑자기 급한 일이 생겼는데 일찍 퇴근해서 없고, 그럼에도 그것은 평가에 절대 반영되어서는 안 되고. 팀원의 자유를 보장하면서도 일은 되어야 하고, 성과는 내야 하는 팀장 노릇이지만 세상이 바뀌었으니 그에 맞춰 적응하는 수밖에. M세대 팀장의 기지를 발휘해 볼까나. 그러고 보면 옛날에는 팀원 관리 참 쉬웠겠다. 팀장님들 속 깨나 썩인 지각쟁이가 할 말은 아니지만요.

## 징검다리 휴일

# #억울하다

**남편** 5월 6일에 회사 쉬지?

**나** 안 쉬는데?

**남편** 왜 안 쉬어? 징검다리 휴일이잖아.

**나** 왜 쉬어? 휴일이 아닌데.

**남편** 그 회사는 이상해.

**나** 뭐가!

빨간 날 사이에 끼어 있는 평일에 쉬냐 안 쉬냐는 나와 남편 사이에서 늘 화두이다. 연휴 전, 후, 사이 평일에 무조건 강제로 쉬게 해서 연차를 소진하게끔 하는 '공동 연차'라는 제도 탓이다. 회사는 인건비를 아끼고, 직원들은 눈치 보지 않고 쉴 수 있으니 서로 좋긴 하겠다. 남편 회사는 그 제도를 적극 활용하는 편이고, 우리는 정통적으로(?) 그런 날 쉰 적이 없는 회사이다.

소비재를 파는 업종이라 영업 일수가 곧 매출이기 때문이다. 공동 연차는커녕 법정 공휴일에도 몇몇 부서는 일을 한다. 어느덧 그게 익숙해져버린 14년 차는 이제껏 크게 불만이 없었다. 남편이 왜 안 쉬냐고 물을 때마다 같은 대답을 하는 게 짜증 났을 뿐.

4월 초에 팀원 한 명이 일찌감치 5월 6일 휴가를 올렸기에 처음 그때가 징검다리 휴일인 걸 알았다. 그래, 쉴 수 있지. 쉬고 싶겠지. 며칠 후 또 한 명이 같은 날 휴가를 올렸다. 부모님 뵈러 지방에 내려간다고 했다. 오케이, 가야지 그럼. 얼마 후 또 다른 팀원이 그날 휴가를 써도 되냐고 물었다. 휴가가 무슨 선착순도 아닌데 다른 팀원들이 이미 썼으니 안 된다고 할 수는 없었다. 고민하다 업무상 차질이 없으면 쓰라고 했고, 그는 금방 휴가 결재를 올렸다. 정말 차질이 없나? 일단 알았다, 승인. 이제 한 명 남았다. 팀원이 고작 네 명인데 세 명이 이미 휴가를 냈고, 남은 한 명마저 내버리면 나 혼자 사무실에 덩그러니 남을 터. 슬쩍 물었더니 별 계획은 없다고 했다. 이렇게 고마울 수가.

"아, 다행이다. 하마터면 나 혼자 있을 뻔했네요."

말을 뱉어 놓고 아차 싶었다. 은연중에 절대 휴가를 쓰면 안 된다고 말해버린 셈이다. 미안하지만 진심이었다. 어떻게 다들 같은 날 휴가를 쓸 수가 있지? 눈치 하나 안 보고 말이야! 한 명은 그렇다 치고, 두 명도 좀 그런데, 세 명씩이나. '이 팀 다 어디 갔어? (일 안 해?)' 부서장의 목소리가 귓가에 울리는 듯했다.

쿨한 척 전부 승인을 눌렀지만, 진심으로 쿨해지기에는 너무 복잡한 내 마음을 잠시 들여다본다. 휴가에 관한 첫 번째 내적 갈등은 이것이다. '일은 어쩌고?' 모든 일에는 납기가 있지만, 오늘 안 한다고 회사가 망하는 건 아니기에 매 순간 타협이 일어난다. 타협의 기준은 저마다 다르다. 휴가 전날 밤을 새서 자기가 하겠다고 한 데까지 일을 끝내 놓는 팀원이 있는가 하면, 휴가 때문에 납기를 미루거나 퀄리티의 타협을 시도하는 팀원도 있다. 타협이 반복되면 신뢰를 잃는다. 자연히 다음 번 휴가 결재가 망설여진다. 이번에도 역시 5월 1주 차까지였던 몇 가지 일들이 다음 주로 밀렸다. "다녀와서 마무리하겠습니다."라고 작은 목소리로 말하는 팀원에게, 잘 쉬고 오라는 목구멍에 걸린 말을 간신히 건넸다. 이제 와서 휴가를 가지 말라고 할 수도 없고, 일을 다 해 놓고 가라기에는 왠지 신데렐라의 계모가 되는 것 같았기 때문이다. 결국 나 스스로 타협해야 했다. 일의 완성도를 높이는 것과 팀원의 자유와 권리를 존중하는 것. 번번이 난 후자를 택하지만, 아직 잘 모르겠다. 어느 쪽이 더 좋은 팀장일까.

휴가에 관한 두 번째 내적 갈등은 변화를 마주한 낀 세대의 고뇌이다. 징검다리 휴일, 크리스마스이브 같은 날은 누구나 쉬고 싶지만 휴가는커녕 공식적인 빨간 날조차 마음껏 쉴 수 없던 시절이 불과 몇 년 전까지 분명 있었다. (심지어 아직도 그런 회사가 있다.) 모두가 쉬고 싶은 날일수록 더 눈치를 봤고, 어쩌다 그런 날 가족 행사가 있을 때는 구구절절한 사유에 미안한 표정을 더해 가까스로 허락을 받곤 했다. 무조건 회사에 헌신하고 가족을 희생하며, 휴일도 없이 몸과 시간을 갈아 넣었던 아버지 세대의 유산이 이어져 온 탓이다. 어느덧 나도 옳고 그름 사이에서 무언가를 결정하고 승인해야 하는 입장이 되었다. 내게 익숙한 것이 팀원들에게는 익숙하지 않으며, 지금까지 당연했던 것들이 이제는 당연하지 않다. 그런 변화를 마치 익숙한 듯 당연하게 받아들여야 할 때 낀 세대의 내적 갈등이 시작된다. 과거의 경험이 만든 나란 사람의 역사와 지금부터 만들어야 할 새로운 가치관이 충돌하는 데서 오는 내면의 잡음이다. 거창하게 말했지만 그게 바로 '라떼'이다. 나 때는 안 그랬는데, 지금도 나는 눈치 보느라 못 쉬는데 뭐야, 이들은 눈치를 안 보잖아? 뭐가 맞는 건지 혼란이 오기 시작하면서 점점 억울해진다. 나 때는 이렇게 고생했는데 세상이 바뀌어 왠지 나만 손해 본 것 같은 기분은 정말이지 별로이다.

그러고 보니 진심으로 쿨하지 못했던 내 부대낌의 정체는 '눈치'였다. 좀처럼 휴가를 잘 가지 않는 윗사람과, 한 달에 몇 번씩 연차를 올리는 팀원들 사이에서 이러지도 저러지도 못하는 눈치 백단 팀장의 고뇌였다. 나는 윗사람 눈치에 더해 팀원들 눈치까지 보는데, 팀원들은 내 눈치를 전혀 보지 않을 뿐만 아니라 일도 제대로 안 해 놓았다는 사실에 화가 났다. 그럼에도 화조차 내지 못하고 잘 다녀오라고 웃으며 말하는 나는 대체 팀장인지, 호구인지. 자기의 워라밸을 챙기는 건 각자의 권리가 맞고, 징검다리 휴일에 쓰든 연말에 쓰든 알아서 하는 것이지만 전제 조건은 일에 차질이 없어야 하는 것이다. 어쩌면 간단한 건데 혼자 너무 생각이 많았다. '그거 했어? 저거는 했어?' 챙기는 건 내 역할이지 계모 짓이 아니라는 것, 그 사실에 대해 내가 좀 더 편해지면 되는 일이다. 눈치 볼 것도 없이 나는 내 일을 하면 되는 것이다. 챙길 건 챙기고, 쉴 때는 쉬고.

다음 징검다리 휴일엔 나도 좀 쉬어 볼까. 그러면 좀 더 쿨해질 수 있을 것도 같다.

## 재택근무

# #불편하다

코로나19로 인해 전 세계 직장인들의 근무 형태, 일하는 방식, 오피스의 기능과 환경 등 많은 것이 바뀌었다고 한다. 하지만 자세히 들여다보면 바뀌었다고 단정하기에는 너무도 예전 모습 그대로인 조직도 있기에, 변화라는 게 정말 쉽지 않은 것이구나 싶다. 제조와 영업 베이스인 우리 회사도 그런 조직 중 하나이다. 사회적 거리두기가 공식 해제되면서 회사의 재택근무 의무 지침도 사라졌고, 각 부서의 업무 특성에 따라 자율적으로 재택근무를 시행하라는 공지가 떴다. 방역 수칙에 의한 재택근무가 안전의 문제라면, 자율적인 재택근무는 효율의 문제이다. 안전 수칙은 좋든 싫든 반드시 지켜야 하지만 효율은 각자 판단의 몫이다. 개개인에 따라 얼마든지 다르게 생각할 수 있고, 지키지 않는다고 해서 큰 일이 나지도 않는다. 방역 수칙이라는 강제적인 요인이 사라지자 회사는 자율이라는 쉬운 말로 팀장에게 변화의 공을 떠넘겼고, 팀장은 각자의 업무에서 무엇이 가장 효율적인지 판단하고 합의하는 수고를 감당해야만 했다. 많은 이들이 쉬운 방법을 택했다. 큰 고민이 필요 없는 쪽으로, 즉 재택근무를 하지 않았던 원래 방식으로 돌아가기로 한 것이다.

새로운 업무 방식을 도입하려면 충분한 연구와 준비가 필요했음에도 갑작스럽게 출몰한 전염병은 우리에게 그런 여유를 주지 않았다. 일하기 위해 모인 조직에서 자유가 통하려면 모두가 투철한 책임 의식을 지녀야 할 뿐 아니라 제도와 시스템 역시 자유와 책임을 충분히 뒷받침해야 할 텐데, 그렇지 못한 미숙한 상태에서 얼떨결에 등 떠밀려 시작한 재택근무는 일종의 눈치 게임이었다. 자유를 누리는 사람도, 그걸 허용한 사람도 어쩔 수 없는 불편함 속에서 서로 눈치만 볼 뿐이었다. 심지어 팀장은 2년 내내 재택근무 대상에서 제외였다. 팀원들을 관리해야 한다는 게 첫 번째 이유였고, 회의가 많고 수시로 윗선에 불려간다는 게 두 번째 이유였다. 재택근무 50%, 30% 공지가 뜨면 팀장은 전부 출근하고 팀원들만 비율대로 돌아가며 집에서 일을 했다.

처음 재택근무 공지가 떴을 때, 나는 팀원들에게 쿨한 척 말했다. 자기 일은 자기가 알아서 하는 거라고, 그러니 재택근무 신청서와 보고서만 바로바로 제출하라고 말이다. 그저 팀원들이 눈에 보이지 않을 뿐 달라질 것이 있겠나 싶었지만, 사실상 모든 게 불편해졌다. 갑작스럽게 떨어지는 수많은 일들을 빨리빨리 쳐내야 하는데, 일해야 할 팀원은 집에 있으니 미칠 것 같았다. 말로 쉽게 할 수 있는 얘기도 일일이 메신저로 전달하느라 오후쯤 되면 손가락이 뻣뻣했다. 팀원들이 집에서 각자의 일을 하며 수시로 질문하고, 확인을 요청하고, 보고하고, 지시를 기다리는 동안 나는 화장실 갈 틈도 없이 모니터 앞에 앉아 있었다. 다른 걸 하느라 답이 늦으면 팀원은 마냥 기다리고만 있을 터였다. 팀원들이 열심히 일할 수 있게 하려면, 나는 어쩔 수 없이 더 많이 일해야 했다. 매일매일 올라오는 재택근무 신청서와 보고서에 일일이 승인을 누르는 것도 귀찮아 죽을 것 같았다. 팀원들이 자율적으로, 각자의 집에서 효율적으로 일을 하는 동안 그것을 일일이 확인하고 관리하는 팀장의 하루는 전혀 자율적이지도, 효율적이지도 못했다.

재택근무가 강제가 아닌 팀별 재량이라는 말이 떨어지자마자 재택근무 전면 금지를 선포한 것은 팀장들의 반사행동에 가까웠다. 몇몇 팀원들은 팀장들이 재택을 안 해서 우리도 못 하게 한다며 입을 삐죽거렸지만, 아니라고 못하겠다. 사실이니까. 다만,

말은 바로 하자. 재택근무를 못 한 게 억울해서가 아니라 팀원들이 재택근무를 하는 동안 팀장들은 몇 배로 힘들기 때문이라는 것, 팀원들을 못 믿어서가 아니라 재택근무를 하는 팀원들의 일을 효율적으로 관리하는 법을 아직 잘 몰라서인 게 더 정확한 이유이다.

팀원들에게 "불편해서 못 해 먹겠으니 그냥 출근하세요."라고 할 수는 없어서 부서장 핑계를 댔다. "우리는 수시로 사람들을 만나야 한다고 하셔서……." 말도 안 된다. 사람 만날 일이 있을 때만 출근하면 되지. 그리고 요즘 누가 직접 찾아오나, 메신저로 요청하지. 팀원들도 수긍하지 않는 눈치였지만 대충 넘겼다. 어쨌거나 우리 팀은 이제 전원 출근을 한다. 시대에 역행하는 결정에 마음이 안 좋다. 명색이 기업문화팀인데 변화를 깔고 뭉갰다는 죄책감마저 든다. 하지만 우리 팀만 또 유별나게 굴고 싶진 않다. 불편함을 감수하자니 그것 또한 까마득하다. 이 사태를 해결하려면 준비하는 수밖에 없다. 언제 또 전염병이 돌지 모르고, 갑자기 회사 지침이 바뀔 수도 있고, 무엇보다 자율과 효율은 분명 점점 더 중요해지는 가치인 건 맞으니 지금이라도 얼른 준비해야 한다. 눈치 게임이 필요 없는 섬세한 업무 지침과 성과에 대한 명확한 기준 같은 것들. 그래, 준비해야 되는 건 맞는데 오늘은 너무 바쁘니 내일 할까? 아니면 다음 주? 내년쯤?

쉬운 길을 선택하고 싶은 보통 사람 팀장은 오늘도 변화를 미룬다.

## 내려놓기

# #어렵다

일이 많아 힘들다고 얘기하면 선배 팀장들은 참 쉽게 말한다.

"애들 시켜, 애들."

그러니까 그 '애들 시키는 게' 어렵다는 말이다. 내가 혼자 다 하면 차라리 편한데, 내가 생각한 대로 팀원들이 해 오게끔 하는 게 도무지 잘 안 된다. 내게는 중요한 것이 그들에게는 중요하지 않고, 하나하나 세세하게 지시하자니 그래도 되나 싶다. 팀장이 되니 이제 더 이상 주장 선수가 아니라 감독의 역할을 해야 한다는데, 감독이란 걸 언제 해 봤어야지. 주장 선수한테 하루아침에 직접 뛰지 말고 필드 밖에 나가 팀원들의 플레이를 그저 지켜만 보면서 어디로 뛸지를 말로만 지시하라는 건데, 가만히 서 있는 게 그들에게는 오히려 고역일 터. 팀장이 된 직후의 내 모습이 딱 그랬다. 팀원들은 이제까지 해 왔던 대로 각자 맡은 일을 하고 새로운 팀장인 내게 와서 보고했는데, 엊그제까지 실무자로서 직접 그 일들을 해 왔던 내 눈에는 뭔가 답답하게만 보였다. 여기 제목 밑에 선을 좀 그어 주면 좋겠는데, 폰트는 이걸 쓰면 좋을 텐데, 열은 좀 맞춰야지, 표 테두리가 왜 이렇게 안 보이는 거야 등등. 보고서의 내용이나 핵심을 짚어 내는 팀장의 통찰력 따위는 아직 모르겠고, 내가 직접 했다면 신경 써서 손봤을 아주 자잘한 것들만 눈에 거슬렸다.

여기서부터 고민이 시작되는데, 얼른 보고하고 퇴근할 준비를 하고 있는 팀원에게 '이거, 이거 고쳐서 다시 해 오라.'는 말이 입 밖으로 도저히 안 나오는 것이다. 야근을 시키면 욕할 것 같고, 그렇다고 그냥 넘어가자니 뭔가 마음에 안 들고. 근데 이게 야근까지 시킬 만큼 중요한 일인가, 내가 이것과 이것을 고쳐 오라고 하는 말을 이 친구가 알아들을까, 모든 것에 확신이 없었다. 몇 초간 고민하다 나름대로의 최선을 찾아 팀원에게 말했다.

"일단 지금까지 한 거, 저한테 파일로 보내 주고 퇴근하세요."

그때까지는 몰랐다. 그것이 가장 최악의 발임을. 팀원은 멋쩍게 서 있다가 "네." 하고 자리로 돌아갔다. 잠시 후 메신저로 보고서가 왔고, 팀원은 집에 갔다. 이렇게 말을 잘 들을 일이냐고요. 나 같으면 '뭐를 고칠까요?' 하고 옆에 서 있든가, 팀장이 다 할 때까지 기다리기라도 할 텐데. 씁쓸함을 삼키며 대세에 지장은 없지만 내 마음에는 안 드는 몇 가지 서식을 보기 좋게 손보고 있는데 한 팀장이 다가와 말을 건다.

"아니, 이 팀은 왜 팀장이 혼자 남아서 일을 하고 있어?"

팀원들이 일을 안 하는 거니, 팀장이 일을 못하는 거니 그 질문이었다. 둘 다 아니었고, 한편으로는 둘 다였다. 팀원은 자기 할 일을 다 하고 퇴근했지만 팀장이 원하는 수준의 결과물을 만들지 못했고, 팀장인 나는 나름대로의 완성도를 높이고 있었지만 그걸 팀원이 할 수 있게끔 명확히 지시하지 못했다. 우리 팀의 전략을 고민하느라 또는 내일 중요한 발표가 있어 야근하는 것이라면, 그게 아니면 부서장이 긴히 시킨 숙제를 하느라 남아 있는 것이라면 일이 많다고 당당하게 이야기했을 테지만 그렇게 대답할 수 없었다. 내 일을 하고 있던 게 아니라 팀원의 일을 마치 내 일인 양하고 있었기 때문이다. 사실 몇 번 직접 손봐 주다 보면, 팀원들도 보고 배우는 게 있으려니 했었다. '아, 우리 팀장은 이런 것에 예민하구나. 좀 더 신경 써야겠다.' 할 줄 알았다. 그런데 아니었다. 어차피 팀장이 마무리할 거라는 생각 때문인지, 자신을 믿고 맡기지 못하는 팀장에 대한 반항인지 이런 일은 꽤 오랫동안 반복되었다.

내게도 그런 팀장이 있었다. 나름대로 생각해서, 이유가 있어서 만든 보고서에 팀장이 빨간색 펜으로 표시를 하거나 한숨을 쉬며 자기가 할 테니까 파일로 달라고 했을 때, 정말 일하기 싫었었다. 그렇게 다 고칠 거라면 처음부터 당신이 하지 왜 나를 시켰냐는 생각도 했고, 그렇게 팀장이 난도질해서 다시 만든 결과물보다 원래 내가 한 것이 나았다는 오만한 마음도 들었다. 어쨌든 결론은 '싫었다'는 것이다. 팀장도 싫고 일도 싫었다. "지금까지 한 거, 저한테 보내 놓고 가세요." 팀장의 이 말을 '이대로도 너무 훌륭하지만 내가 찬찬히 보면서 조금 생각해 볼 테니 넌 야근하지 말고 얼른 들어가렴.'으로 해석하려면 상당히 낙천적인 성격의 소유자여야 할 것이다. '난 네가 한 일이 마음에 안 들지만, 어차피 네가 더 손을 대 봤자 더 나아질 것 같지 않으니 어쩔 수 없이 내가 직접 나서야겠어. 넌 이제 필요 없으니 집에나 가라.' 대부분은 과장을 조금 섞어 이렇게 해석하지 않을까. 팀장에게 자신의 일을 넘기고 퇴근하는 그들의 마음은 어땠을까. 결과적으로 자신이 만든 것과 전혀 다르게 완성되어 있는 보고서를 보면서 어떤 기분이 들었을까. 다른 건 몰라도 일하기 싫어졌을 것만은 분명하다. 나도 그랬으니까.

내게도 나름 이유는 있었다. 미리 정확하게 가르쳐 주지 못하고, 중간중간 챙기지 않은 내 잘못이니 마무리는 내가 하겠다는 착한 논리. 실제로 퇴근 시간이 다 되어 팀원이 이 보고서를 가져오기 전까지 한 번도 어떻게 되어가고 있는지 챙기지 못했고, 사실 언제까지 가져오라고 말한 적도 없으며, 무엇에 특히 신경을 써 달라고 당부하지도 않았는데 막판에 와서 야근을 해가며 고치게 하면 너무 나쁜 팀장이 되는 것 같았다. 생각해 보면 잠깐 나쁜 팀장이 되는 게 차라리 나았다. "미리 못 챙긴 건 내 불찰이다. 다음에는 중간 단계에서 같이 한번 보자. 이번에는 내가 미리 못 봐 줘서 미안하지만 이거는 다시 고쳐서 달라."라고 했다면 짜증은 나겠지만 각자의 역할 만큼은 명확했을 것이다. 필드 밖에 나가서 '나라면 저렇게 안 찰 텐데, 내가 그냥 나가서 뛰고 싶다.'라고 발만 동동 구르던 감독이 참지 못하고 경기장으로 직접 뛰어나간다면 당연히 경기는 엉망진창, 아니 팀 전체가 실격이다.

나는 팀장의 역할을 오해하고 있던 것 같다. 내 일만 하면 되는 실무자를 넘어 팀원들 일까지 다 해야 하는 사람으로 말이다. 하지만 팀원들의 일 하나하나에 손대기 시작하니 정작 팀장이 해야 할 일을 할 시간이 없었다. 팀장의 일과 실무자의 일 사이에서 갈팡질팡하느라 초반에는 거의 매일 혼자 남아 야근을 했다. 본격적으로 팀장의 일, 즉 사업 계획을 짜고 각종 회의에 불려 다니고 윗사람이 던진 숙제를 하느라 정신없이 바빠지면서 자연스럽게 팀원들의 결과물 하나하나에는 신경을 덜 쓰게 됐다. 너무 바빠 직접 고칠 시간이 없다는 건 지금 생각하면 내게도, 팀원들에게도 참 다행스러운 일이었다.

처음에는 팀원들을 집에 보내고 혼자 남아 그들의 일을 직접 고치고 완성하는 게 그들을 위한 배려라고 생각했지만, 사실 그저 쉬운 길을 택했던 것이다. 이제까지 실무자로서 해 왔던 방식이고, 내가 원하는 수준의 디테일을 나만큼 잘 아는 사람도 없을 테니 직접 고치는 게 당연히 빠르고 편했다. 하지만 그것은 실무자로 계속 살기를 자처하는 것이고 동시에 팀장이기를 포기하는 것이다. 내가 생각하는 결과물을 스스로 만드는 게 실무자라면, 다른 이를 통해 구현하는 것이 관리자이다. 그것이 어려우니까 감투를 씌우고 수당을 더 줘가며 시키는 것이다. 팀장이 된 이상 쉬운 길보다는 맞는 길을 선택해야 하지 않을까. 아무리 몸이 근질거려도 이제 필드는 출입 금지입니다, 팀장님.

잔소리

# #피곤하다

팀원의 일을 직접 손대는 건 팀장답지 못하다는 걸 신경 쓰기 시작하면서 따라오는 부작용이 있었다. 피드백을 한 번 할 때마다 시시콜콜 말이 너무 많아진다는 점이다. 이건 이렇게, 저건 저렇게 쉴 새 없이 잔소리를 늘어놓다 보면 팀원의 얼굴빛은 점점 어두워지고, 나 역시 진이 빠졌다.

한번은 팀원 A가 윗선에 보고할 자료를 만들어 왔다. 우리 팀에서 운영하고 있는 어떤 일의 현황을 정리하고, 앞으로 어떻게 운영할지 계획을 보고하는 자료였다. 마음에 안 들었다. 제목부터 작년 날짜가 들어가 있고, 표는 들쭉날쭉, 현황에 대한 평가와 앞으로의 계획이 연결되지도 않았다. 그냥 생각나는 대로 적은 초안 같았다. 팀원을 앉혀 놓고 피드백을 시작한다.

"제목부터 틀리니까 보고서에 대한 신뢰도가 확 떨어지네요. 여기 이 표랑 이 표는 같은 내용인데요? 그 현황은 왜 빠져 있나요? 그래서 결론적으로 뭘 하겠다는 건가요?"

거기까지는 그나마 나았다.

"전체적으로 가독성이 떨어지는 폰트를 쓴 것 같아요. 우리 자료는 앞으로 고딕으로 통일합시다. 그리고 여기 줄 좀 맞춰 주세요. 여기는 강조를 해야 하니 볼드를 해 주고……."

말하면서도 계속 갈등한다. 이런 것까지 말하고 있느니 그냥 내가 하는 게 빠르겠다. 안 되지, 안 돼. 직접 손대면 안 된다는 강박 속에 잔소리는 계속 이어진다.

빨간 펜 선생님의 긴긴 과외 시간이 끝나고 A는 자리로 돌아가 자료를 수정해서 다시 가져왔다. 수정한 자료는 당연히 훨씬 나았다. 정확히는 내 눈에 보기 좋았다. 디테일한 피드백으로 팀원을 발전시켰다는 뿌듯함마저 들었다. 그래, 잘했어. 김 팀장, 그렇게 하는 거야. 그리고 며칠 후 A가 다른 자료를 만들어 왔다. 이번 자료는 좀 더 신경 썼겠지 했는데, 맙소사, 처음 수준과 똑같았다. 제목에 오타와 삐뚤빼뚤한 표, 엉망인 순서까지. 그나마 고딕체로 통일은 했다만, 화가 났다. 그렇게 한 시간을 붙잡고 입 아프게 설명을 했건만 나아지는 게 없다니. 다 기억은 안 나더라도 그때 자기가 만든 자료를 참고라도 했어야 할 거 아니야!

문득, 지난번에 내 말을 듣고 있던 A의 멍한 얼굴이 떠올랐다. 내 말은 그에게 접수되지 않았다. 단기 기억에 저장된 팀장의 잔소리는 바로 자료를 고치는 데까지만 유효했을 뿐 곧장 사라진 모양이었다. 그럴 수밖에 없었다. 내가 팀원을 앉혀 놓고 이야기한 건 피드백이 아니라 실무자 시절의 내 습관에 의거한 지적질과 잔소리였으니까. 이것도 틀렸고 저것도 틀렸고, 자료는 이래야 하고 저래야 하고……. 쉼 없이 쏟아지는 말을 들으며 A는 무슨 생각을 했을까. 이 잔소리가 빨리 끝나기만을 바라지 않았을까. 잔소리의 속성을 우리는 너무 잘 안다. '저 사람(엄마, 선생님, 팀장, 부서장 등)은 이거 싫어해.'라는 메시지 외에는 어떤 것도 전달하지 못하는 말이다. '너 잘되라고, 아프지 말라고' 하는 말조차도 속뜻은 이것이다. 네가 잘되길 바라는 마음보다, 일단 내 눈에 거슬리지 않길 바라는 마음. 잔소리는 자기중심적인 언어이다. 상대방의 기준이 아니라 내 기준에서 신경 쓰이고 중요한 것들을 듣는 사람의 상태는 아랑곳하지 않고 일방적으로 쏟아내는 말이다. 그러니까 우리 모두는 잔소리를 들으면 본능적으로 귀부터 닫고 싶은 게 아닐까.

마찬가지였다. 자료에서 내 눈에 거슬리는 것들을 하나하나 생선 가시처럼 발라냈던 그 시간은 '어떻게 하면 자료의 완성도를 높일 수 있을까'에 대한 진지한 성찰의 피드백이 아니라, 그저 내 마음에 안 든다는 잔소리에 불과했다. 거기서부터 잘못되었다. 내 마음에 드는 기준과 안 드는 기준, 대단한 것들도 아니었다. 장표 하나에 중요한 게 딱 보이고, 표의 테두리가 깔끔하고, 폰트가 일목요연하게 정리되어 있어야만 내 마음이 편했을 뿐이다. 우리 팀의 성과를 위해 일이 진행되는 데에 꼭 필요한 것들이 기준이어야 하는데, 내가 실무자 시절에 해 왔던 주관적인 기준에 팀원들의 결과물 하나하나를 다 끼워 맞추려고 하니 처음부터 불가능한 도전이었지 싶다. 그들은 내가 아니니까.

다 알겠는데, 그럼 어떻게 한단 말인가. 직접 손대는 건 팀장이니까 안 돼, 세세하게 말로 고치는 건 잔소리니까 안 돼, 그렇다고 자료가 엉망인 것도 안 돼. 결국 엉망의 기준을 조금 바꿔 보는 방법밖에는 없다. 그냥 내 눈에 거슬린다고 엉망이 아니라, 자료에서 핵심이 없고 말하고자 하는 게 뭔지 모르겠는 게 엉망인 것이다. 그 자료를 통해 우리가 원하는 의사 결정을 받을 수 없다면, 시간이 없는 임원진들이 한눈에 보고 핵심을 파악할 수 없다면 엉망인 자료이다. 거꾸로 그것이 잘 담겨 있기만 한다면 표가 비뚤고 폰트가 어수선해도 그건 엉망이 아니다. 거기서부터는 내 욕심이다. 잔소리로 이어지거나 내 안의 실무자 본능을 깨우는 그 놈의 욕심은 이제는 정말 내려놔야만 한다. 내려놓는 방법까지는 아직 모르겠어서 문제이지만.

김 팀장의 TIP

회사 내에 공유하는 홍보 콘텐츠나 공지문을 주로 만드는 우리 팀은 팀원 각각이 일종의 작품을 만든다. 완성도 50%든, 70%든, 90%든 일단 나의 확인을 거쳐서 사내 인트라넷에 올리게 되어 있다. 팀장이 되자마자는 내게 넘어온 미완성 상태의 작품을 직접 완성하기 위해 혼자 남아 야근을 했고, 몇 달 후부터는 빨간 펜 선생님이 되어 완성도를 높이느라 잔소리를 입에 달고 살았다. 내가 지적질하는 소리가 스스로도 진저리가 날 때 즈음, 이제는 선택해야 했다. 마음에 안 들어도 미완성인 채로 올리든지, 아니면 모두 함께 완성도를 높이든지. 도저히 미완성인 상태로 그냥 올리는 것은 용납이 안 되어 후자를 선택했다. 회사 메신저에 사내 콘텐츠 공유방을 만들어 그곳에 각자 자신의 결과물을 올리고 서로 피드백을 주고받기로 했다. 팀원들에게 서로의 콘텐츠를 봐 주면서 사소한 오탈자부터 독자의 관점에서 잘 이해가 안 되는 것, 가독성과 디자인적인 것까지 자유로운 피드백을 해 달라고 요청했다. 팀원들 사이에도 경력과 실력에 편차가 있어 피드백을 하는 사람도, 받는 사람도 마음의 부담이 큰 듯했다. 당연한 것이었다. 모두의 앞에 내 작품을 내보이고, 대놓고 지적을 당하는 것은 누구나 불편한 일이니까. 성장하려면 좌절도 때로는 필요하기에, 눈 딱 감고 다들 적응해 주길 기다렸다. 아직도 용기는 필요하겠지만 이제 어느 정도는 적응한 듯하다. 글을 잘 쓰든 못 쓰든, 디자인 감각이 있든 없든 상관없이 누구나 피드백을 한다. 만든 사람의 눈에는 절대 안 보이는 오타나, 독자의 관점에서 보는 피드백은 언제나 값지다. 나도 팀의 일원으로서 피드백을 남기지만, 절대 먼저 나서서 피드백을 하지 않으려고 노력한다. 그것이 자칫 기준이 될까 봐, 정답처럼 될까 봐서이다. 그렇게 모두 함께 독자의 눈으로 다듬은 우리 팀의 작품은 항상 완성도가 높다. 그것이 우리의 기준이 되고, 우리 팀의 자존심이 되어가는 과정을 나는 흐뭇하게 지켜본다. 팀장이 되고 나서 한 일 중에 제일 잘한 일이다.

## 자유의 무게

# #버겁다

팀원 시절에는 주어진 일만 하면 되었다. 물론 팀원이어도 시키는 일 이상을 해내는 사람이 있는데, 그런 사람은 탁월한 열정과 실력을 인정받아 특진을 하거나 더 좋은 보직으로 옮긴다. 하지만 그건 순전히 개인의 선택이다. 시키는 일 이상을 하지 않는다고 잘리지는 않는다는 말이다. (시키는 일도 못하는 사람조차 꽤 오래 회사에 다니곤 한다.)

그런데 팀장은 다르다. 존재 자체가 새로운 일을 계속 만들어내야 하는 사람이다. 시키는 일만 하고, 주어진 일만 하면 어느 순간 공격이 들어온다. 우리 팀의 일이었던 영역이 갑자기 다른 팀의 일이 되기도 하고, 조직 개편으로 인해 갑자기 팀이 사라지기도 한다. 그러니까 쉴 새 없이 우리 팀의 존재의 이유와 나라는 사람의 가능성을 윗선에 각인시키지 않으면 안 된다. 문제는 무조건 영역을 넓히는 것만이 미덕이 아니라는 점이다. 위에서 시키는 일 이상을 하는 건 회사로서는 당연히 칭찬할 일이지만 동시에 팀원들의 원망을 들어야 한다. 지금도 충분히 바쁘고 힘든 것을 뻔히 알면서 팀장이 계속 일만 늘린다고 볼멘소리를 할 것이다. 내가 팀원 시절에도 거절하지 못하고 온갖 일들을 받아오는 예스맨 팀장은 무능하다고 욕을 먹었다. 차라리 그걸 왜 우리가 하느냐며 방어선을 단단히 구축한 팀장이 환영받았다. 팀원들의 생리는 원래 그렇다. 같은 월급을 받고, 최대한 적게 일하는 사람이 어쩌면 승자이다. 그런 상황에서 팀장이 자꾸만 엉뚱한 일을 벌이거나 우리 일도 아닌 일을 대책 없이 가져오는 건 정말 짜증 나는 일이다. '성과가 날 게 분명한, 도전적이면서도 재미있는 일'은 누구나 욕심내지만, 그렇지 않은 일은 언제나 회색지대로 남는다. 그러니까 팀장의 영역 싸움은 하기 싫은 일은 절대 맡지 않으면서 동시에 성과가 날 일들만 우리 일로 가져오는, 살벌한 눈치 게임이었다는 것을 팀장이 되고 나서야 비로소 알게 되었다.

우리의 일을 새롭게 만들어가는 것만큼이나 어려운 또 하나는, 우리 팀에서 하지 않아도 되는 일을 결정하는 작업이었다. 기존에 해 왔던 일, 위에서 시키는 일이라도 성과가 나지 않거나 우리 팀에서 해야 할 당위성이 없다면 하지 않는 결단이 필요했다. 모든 일은 다 나름대로의 이유가 있고 역사가 있지만 내가 팀장이 된 다음부터는 이제 내 머리로 그 일을 해야 하는 이유를 만들어 내야 했는데, 반대로 말해 내가 납득할 수 없다면 할 필요가 없는 것이었다. 팀에서 하고 있는 일들에 대해 어느 정도 파악한 후, 하지 않아도 되는 일들을 과감히 없애는 것이 그다음 숙제였다. 인원은 한정되어 있으니 일을 덜어 내지 않으면 새로운 일을 할 수 없었다. 각각의 일에 대해 중요한 것과 중요하지 않은 것을 다시금 찬찬히 파악하는 건 팀원들을 위해서 꼭 필요한 일이었고, 심지어 부서장이 시키는 일에도 촉각을 곤두세우며 경중을 판단해야 했다. 위에서 시키는 일이니 당연히 해야 하는 줄 알고 팀원들과 뚝딱뚝딱 자료를 만들었는데, 일주일 후에 부서장이 "그건 됐고!" 이 한 마디로 사장시키는 일도 허다했다. 이럴 거면 왜 한 거냐고 투덜거리는 팀원들에게 할 말이 없었다. 다른 팀장은 부서장 말 하나하나에 너무 신경 쓰지 말라는 조언을 한다. 그러나 위에서 하는 말이 그냥 하는 말인지, 귀담아 들어야 하는 말인지 그걸 모르겠으니 전부 신경이 쓰인다. 나도 팀장 경력 5년쯤 되면 귀가 좀 트이려나.

선택할 수 있는 자유란 얼핏 굉장히 좋은 것 같지만 사실은 매우 어려운 권리인 것 같다. 시키는 일만 하면 편하다. 스스로 생각하고 선택해야 하는 부담이 없으니까. 우리 팀에서 해야 하는 성과가 나고 재미있는 일을 계속해서 확장해가는 것과 동시에, 위에서 시켰지만 의미가 없거나 불필요해 보이는 일을 과감히 거부하고 덜어 내는 것. 이처럼 능동적인 선택의 과정을 매 순간 밟아가야 한다니. 내 일과 남의 일만 구분하면 되었던 팀원 시절에는 상상도 못했던 자유의 무게가, 초보 팀장은 아직 참 버겁다.

네 일, 내 일

# #까칠하다

'그냥 내가 하고 말지.' 이건 난이도 0 수준이다. 팀장이라면 이건 하면 안 되는 짓이라는 걸 이제는 알기에 레벨 1이 아닌 0이다. 레벨 1은 팀장이 직접 하지 않고 팀원이 하게끔 하는 '위임'이다. 아직 완전히 마스터하지는 못했고, 여전히 많은 문제 원숭이들이 내 어깨 위에 있다[2]. 하지만 갑자기 예고 없이 훅 들어오는 레벨 2, 3, 4, 5도 수두룩하니 속도를 내야만 한다. 다음 레벨을 감당하다 보면 얼떨결에 위임하고 있는 내 모습을 발견하기도 한다. 레벨 2부터는 다른 팀과의 역학 관계 문제이다. 우리 팀이 굳이 하지 않아도 되는 일을 도맡아 하는 것이 레벨 2, 불편한 일을 어떻게 해서든지 피하는 (그래서 결국 다른 팀이 떠안게 만드는) 것이 레벨 3, 우리 팀의 일과 다른 팀의 일을 적절히 구분하여

2 William Oncken, Jr. & Donald L. Wass, "Management Time: Who's Got the Monkey?", Harvard Business Review (November-December 1999), (https://hbr.org/1999/11/management-time-whos-got-the-monkey)

R&R(Role & Responsibility)을 명확히 하는 것이 레벨 4, 여러 팀이 공동의 목표를 위해 조화롭게 협력하여 선을 이루는 지점이 레벨 5쯤 되지 않을까. (순전히 내 마음대로 정한 것이니 심각하게 여기지 않기를 바란다.)

처음 팀장이 되었을 때는 우리 팀에서 원래 돌아가고 있던 일들이 차질 없이 잘 돌아가게끔 하는 데에 열을 올렸다. 때때로 팀원에게 누군가 요청을 하거나 위에서 뭔가 주체가 애매한 일을 시킬 때면 '과거에 이것을 우리 팀에서 했었는가'를 기준으로 1차원적인 결정을 내리곤 했다. 예전에 했으면 이번에도 해 주고, 한 번도 안 했던 일이면 일단 우리도 잘 모른다며 거절하기. "그래도 계속 부탁하면 나한테 얘기해라. 내가 할게." 그렇게 엉뚱한 잔업을 했던 적도 부지기수였다. 팀원을 시키기는 좀 그렇고, 우리 팀의 일이 아니라고 딱 자르기에는 왠지 너무 이기적인 것 같았기 때문이다.

내가 직접 하는 것도, 굳이 우리 팀의 일이 아닌 것을 도맡아서 시키는 것도 몇 번 해 보니 이건 아니다 싶었다. 일단 팀원들의 입이 댓 발 나왔다.

"이걸 왜 우리가 해요? 우리가 무슨 똥 치우는 팀인가요?

남들이 하기 싫어하는 일은 분명히 이유가 있다. 해도 티 안 나고, 성과로 인정받기는 더더욱 어려운 일. 그러니까 다들 떠넘기다가 우리 팀으로 넘어왔는데, 팀장이 넙죽 자기가 한다고 하니 팀원들은 답답해 죽는다. 팀원에게 시키지 않고 팀장이 직접 한다고 해서 불합리한 게 합리화되지도 않았을 뿐더러, 왠지 우리 팀이 손해 보는 것 같은 억울한 기분이었을 것이다. 나 역시 지치기는 마찬가지였다. 더러운 게 눈에 더 잘 보이는 사람이 치우고 맛에 민감한 사람이 요리를 하는 가사노동의 분담처럼 그렇게 좀 더 예민한 사람이, 말 잘 듣는 사람이, 제일 어린 사람이 하는 쪽으로 자연스럽게 흘러가는 경우가 대부분이었다. 평소에는 그냥 좋은 동료였다가도, 해도 그만 안 해도 그만인 회색지대의 일이 수면 위로 오르면 갑자기 정색을 하는 이에게는 아주 오만 정이 다 떨어졌다. 정색하는 레퍼토리는 이것이다. "그걸 왜 우리가 하죠?" 예전 같으면 "그 팀에서 하기 어려우신가요?" 또는 "위에 여쭤 볼까요?"라고 했었지만 이제는 나름대로 받아쳐 본다. "그럼 우리가 하나요?" 그러다 결국 부서장까지 "이런 건 너네 팀이 잘하잖아."라며 애매모호한 말로 거들면 더 이상 거절하기가 어렵다. 레벨 3은 아직 내게 넘어야 할 큰 산이다.

상대방이 협조적이고 합리적인 상황에서의 레벨 4와 5는 비교적 쉽다. 하지만 그렇지 않은 상황에서 좋게 좋게 협업을 이끌어 내려면 작전을 잘 세워야 한다. 한번은 팀원이 어떤 팀에 업무 요청을 했는데, 그 팀에서 그걸 왜 자기네가 하냐고 했단다. 팀원은 입이 쑥 나와 내게 하소연을 한다. 그 팀에서는 절대 자기네 일이 아니라고 생각한다나, 어쩐다나.

"내가 전화할게요."

호기롭게 말해 놓고 걱정이다. 안 되면 어떡하지? 내가 설득당하면 어떡하지? 벌써부터 왠지 진 듯한 느낌이다. 안 되겠다 싶어 팀원을 앉혀 놓고 요목조목 따져 봤다. 그 팀에서 정확히 뭐라고 했는지, 우리가 이걸 할 수 없는 이유가 뭔지, 그 팀에서 안 된다고 하면 B안이 무엇일지. 나름대로 시나리오를 준비해 전화를 걸었고, 다행히 그 팀에서도 B안으로 절충하는 것으로 합의를 보았다. 그냥 전화했으면 서로 안 된다는 말만 반복하다 내가 포기했든지 다음에 다시 통화하자고 끊었을지 모른다. 팀원도 우리가 생각한 대안으로 타협점을 찾은 것이 뿌듯한 모양이었다. 팀장인 내가 그 팀의 팀장에게 전화할 때는 더더욱 강력한 논리와 근거가 필요하다. 팀원들끼리는 협조 요청이지만, 팀장 선으로 넘어오면 그때부터는 협상이다. 심지어 팀원들이 지켜보고 있다! 이건 자존심을 건 문제이다.

협업은 경쟁보다 난이도가 훨씬 높다고 생각한다. 경쟁은 각자 자신의 목표를 향해 경주마처럼 달리면 되는 게임이다. 하지만 협업은 각자 자신의 목표와 더불어 공동의 목표를 함께 정해야 하고, 결과물의 수준과 일의 방식에 대한 사전 합의가 필요하다. 서로에 대한 존중을 전제로 하며, 서로에게 신선한 영감과 건강한 자극을 통해 함께 성장해야만 성공할 수 있다. 어느 한쪽이 일방적으로 끌고 간다거나 한쪽이 손해 보는 일은 정상적인 협업이 아니다. 협업의 그림이 이처럼 이상적이기 때문에 사람들은 레벨 3에서 주로 멈추는 게 아닐까. 일단 나만 아니면 돼. 우리 팀만 아니면 돼. 기본 세팅 값이 그렇게 되어 있는 상태에서 다시금 역할을 나누고, 공동의 선을 이루는 것은 너무나도 비현실적이다. 그러니까 지금 아직 잘 못한다고 해서 좌절할 일이 아니라고 스스로를 위로해 본다.

## SUMMARY

15년 차가 되니 주변에 팀장이 많아진다. '어떤 때 가장 불편한가요?'라는 질문에 대해 흔쾌히 응답해 준 팀장님들께 감사를 전한다.

**퀵 인터뷰: '팀장이 되고 나서 어떤 때 가장 불편한가요?'**

- 갑자기 팀원들한테 차 한잔하자, 밥 한번 먹자 말하는 게 어색해졌어요. 옆자리 선배였을 때는 자주 얘기도 하고 밥도 편하게 먹었는데, 이제 이 친구는 제가 불편할 테니까요. 제가 먼저 먹자고 하는 것 자체가 좀 신경 쓰이더라고요.
- 재택근무를 하고 자율좌석제가 되면서, 직접 물어보기 전까지는 그 친구가 뭐가 힘든지 요즘 상태가 어떤지를 전혀 알 수가 없어요. 그런데 이제는 직접 물어볼 수도 없잖아요? 사생활 침해라고. 팀원 관리를 대체 어떻게 하라는 건지 모르겠어요.
- 자율좌석제를 하면 팀장은 고정석이고 나머지는 다 자율적으로 예약해서 앉아요. 당연히 팀장 자리에서 가장 멀리 떨어진 곳부터 자리가 차죠.

당연한 거라고 생각하면서도 씁쓸하죠.

- 샌드위치의 잼 신세가 되었을 때가 제일 난처해요. 우리 팀원이 고생한 것을 윗선에 어필하고 좋은 평가를 주고 싶은데, 위에서는 이미 그 친구에 대한 평가가 정해져 있을 때 정말 기운 빠지죠. 나는 중간에서 팀원에게 뭐라고 동기부여를 해야 하나, 너무 난감해요.
- 팀장이 되었는데 팀장이 뭘 해야 하는지 아무도 알려 주지 않으니 혼자 다 알아보고 찾아봤죠. 내가 한 이 행동이 맞나, 이렇게 결정해도 되나, 도무지 잘 모를 때가 제일 난감했어요.
- 윗사람이 나에게 시키는 일을 하는 건 익숙한데 내가 일을 시키는 건 처음이라, 일을 한 번 시키려면 오만 가지 생각이 들죠. 이 일을 이 친구한테 시켜도 되나, 너무 작은 일인가, 너무 어려운가, 어디까지 내가 하고 어디부터 시켜야 되나 등등. 지금도 아직 적응 중이에요.
- 내가 실무자 때 하던 일이 아닌 새로운 일들을 갑자기 맡았을 때, 팀원이 나한테 어떻게 해야 되는지 물어보면 정말 난처했어요. 나도 모른다고 할 수는 없으니까요.

- 요즘 팀원들은 자기 생각을 참 잘 얘기해요. 저랑 생각이 다르면 다르다고도 말하고요. 그럴 때 어떻게 일을 해야 할지 참 어려워요. 내 생각이 옳다고 끝까지 밀어붙이고 설득해야 하는지, 시행착오를 겪더라도 팀원이 하고 싶은 대로 하게 둬야 할지. 결과는 아무도 모르지만 그렇게 부딪히는 순간이 많아지면 뭔가 잘못된 건가 싶어 고민이 돼요.
- 새로운 사람이 왔을 때, 다른 팀이 우리 팀과 합쳐졌을 때 서로 다른 조직 분위기를 융화시키는 게 어렵더라고요. 일하는 방식도 완전히 다르고, 분위기도 다른데 무조건 우리 팀이 해 왔던 방식대로 통일하는 게 맞는지 모르겠어요.
- 갑자기 조직 개편을 한다고 우리 팀원 셋을 다른 팀으로 보내라고 할 때 정말 황당했죠. 무슨 기준으로 갈 사람을 뽑아야 할지도 모르겠고, 남은 일은 어떻게 나눠서 해야 할지 정말 머리가 아팠죠.

어디 이것뿐이겠는가. 내가 경험한, 또한 팀장들이 답한 '불편한 상황'들을 책 몇 권으로 단숨에 해결할 수는 없을 것이다. 조직마다 통제할 수 없는 상황이 있고, 코로나19 같은 전 세계적인 변수도 있으며, 영원히 반복될 수밖에 없는 세대 간 갈등도 언제나 존재한다. 그럼에도 불구하고 여러 가지 불편한 상황들을 마주했을 때 조금은 일관성 있는 나만의 원칙들을 세우는 건 꽤 효과가 있었다. 먼저 내 마음이 왜 불편한지, 내가 바라는 게 무엇인지 들여다보기, 그리고 내가 생각했을 때 팀장이라면 어떤 결정을 해야 하는지, 그 결정이 원하는 결과로 이어지기 위해서 우선순위는 무엇이 되어야 하는지 고민하기. 아직까지 완전하지는 않지만 그래도 너무 많이 헤매지 않도록 도움을 준 책들이 있어 소개한다.

## 팀장들에게 추천합니다!

### 한상아, 『낀 팀장의 일센스』

팀장이 되었을 때 느끼는 불편함은 대부분 '관계'에서 비롯된다. 팀원들과의 관계, 상사와의 관계, 다른 팀장과의 관계. 샌드위치의 햄이든, 잼이든, 어쨌거나 빵과 빵 사이에 끼어 있는 존재로서 팀장들은 여러 가지 관계의 역동 속에서 고군분투한다. 한상아 님의 『낀 팀장의 일센스』는 그런 팀장들에게 보편적이면서도 센스 있는 실전 노하우를 전하는 실용서이다. 낀 팀장이 불편한 이유는 위아래의 관계를 적절히 이어야 하는 중간 위치에 있으면서, 동시에 성과를 내기 위해 일이 되게끔 하는 역할을 함께 감당해야 하기 때문이다. 그러니까 끼어 있다고 해서 그저 주변 사람들과의 관계에만 집중해서는 안 된다. 결국 팀장의 주 역할은 팀원들이 일을 잘할 수 있게 만드는 것이고, 좋은 관계를 유지하는 목적 역시 여기에 있어야 한다. 저자가 말하는 팀장의 일센스란 '일'에

방점을 둔 채 주변의 관계를 지혜롭게 이어가고, 조직을 더 나은 곳으로 만드는 노력을 기울이는 것이다.

### 에드거 샤인 & 피터 샤인, 『리더의 질문법』

이 책의 영문 제목은 'Humble Inquiry' 즉 '겸손한 질문'이다. 요즘 시대가 요구하는 리더십은 질문을 통해 상황과 맥락을 규정하고 관계를 맺으며 사람들을 움직이는 것인데, 이때 리더가 던져야 하는 질문이 바로 겸손한 질문이다. 상대방에 대한 호기심과 관심을 바탕으로 관계를 맺기 위한 질문과 그 반응을 경청하고 대처하는 태도까지 포함하는 개념이다. 그러니까 팀원들이 어떤 결과물을 가져왔을 때 "왜 이렇게 했죠?"라며 따져 묻거나 추궁하는 건 겸손한 질문이 아니라는 것이다. 나는 맞고 너는 틀렸다는 교만한 암시와, 호기심으로 위장한 채 '어디 한번 설명해 봐.'라고 다그치는 건 겸손한 질문이 아니라 단언이고 단정이다. 팀장이 되면서 이런 실수를 참 많이 했다. "어때요?"라고 물었지만 이미 나는 답을 정해 둔 상태이거나 "그래서 결론이 뭐죠?"라며 과정 따윈 더 이상 듣고 싶지 않다는 뉘앙스를 풍기는 질문을 하곤 했다. 어떤 때는 엉뚱한 질문을 하는 바람에 핵심에 다가가지 못한 채 빙빙 돌기도 했고, 시간이 없다는 이유로 질문이 아닌 지시를 하는 경우가 허다했다. 그래서 에드거 샤인은 질문에도 훈련이 필요하다고 했다. 진정성도, 겸손도, 관심도, 존중도 그저 마음먹은 대로 되는 것이었다면 세상에 나쁜 팀장이 어디 있을까. 머리로 아는 것을 몸으로 실행하고 그것을 반복하여 습관이 되게 만들려면 먼저 무엇을, 어떻게 해야 하는지 정확히 이해해야 한다. 이 책에서 그 답을 찾을 수 있을 것이다.

내가 할 일은 멋진 성공만을 도모하거나
어느 한쪽을 희생하며 무언가를 성취하는 일이 없도록
내 일상의 크고 작은 바퀴들을 소중하게
그리고 조심스럽게 잘 굴리는 것이다.
어떤 이유에서든 갑자기 바퀴 하나가 멈추더라도
나머지 바퀴들이 내 삶을 천천히 움직이며 갈 수 있도록.

# 3
# 분노와 좌절

느끼는 주요 감정들

#불쾌함 #씁쓸함 #괴로움 #섭섭함 #무력감
#상처받은 #좌절감 #답답함

Q 나한테 왜 이래? 이제 어떡하지?

A 다 잘할 수는 없어.

꼬꼬마

# #불쾌하다

"야아, 팀장님!"

사무실의 적막을 깨는 소리에 깜짝 놀란 팀원들이 뒤를 돌아 봤다. 시답잖은 농담을 늘어놓길 좋아하는 한 임원이 자리로 다가오고 있었다. 또 무슨 이야기를 하려고 오시나. 굳이 친한 척 안 하셔도 되는데. 숨고 싶다. 누가 빨리 내게 전화라도 걸어 주었으면. 하지만 이미 늦었다.

"하하, 안녕하세요. 이사님."

엉거주춤 일어나 인사를 했다. 그는 내 옆에 서서 주위를 둘러보며 한 번 더 입을 연다. 목소리는 또 왜 이렇게 큰지.

"네가 벌써 이제 여기 부장들하고 어깨를 나란히 하는 거야? 이야, 다 컸네."

자기가 키웠나. 꼬꼬마 사원 시절부터 나를 봐 왔으니 아직 어린애 같이 느껴지는 건 이해하지만, 그래도 팀원들이 빤히 보고 있는데 이렇게 애 취급을 하다니.

한번은 여러 팀장들과 부서장이 함께 참석한 회의가 있었다. 신임 팀장은 나뿐이었다. 연차도 직급도 내가 막내였다. 안건에 대한 의견을 묻기에 생각한 바를 꺼냈더니, 한 부서장이 엄지척을 하며 말했다.

"오, 고민 좀 했네?"

지금 이게 칭찬인지, 놀리는 건지? '저 항상 고민하거든요. 그리고 왜 반말이시죠? 저도 이제 어엿한 팀장인데요.' 하고 싶은 말이 많지만 보는 눈이 많다. 그냥 조용히 있자.

직급이 올라가고 팀장이 된 지금까지도 아직 나를 '누구야, 누구 씨'라고 부르는 사람들이 많다. ('야!'도 물론 있다.) 반말은 기본이다. 친한 선배들이 그래도 이제는 좀 조심해 주면 좋겠다 싶은데, 심지어 별로 가깝지도 않은 사람들이 그러면 그 무신경함에 신경질이 난다. 너 따위의 직함은 신경 쓰고 싶지 않다는 건지, 내가 너보다 위에 있다는 암시인지, 그저 친근감의 표현이라기에는 너무 매너가 없다. 가장 짜증 나는 상황은 우리 팀원들 앞에서 나를 막 대할 때이다. 팀원 입장에서 아무리 마음에 안 드는 팀장이라도 다른 팀장에게 지거나 쩔쩔매는 모습을 보는 건 싫은 법이다. 팀원들이 앞에 있는데도 팀장에게 아무렇지도 않게 '야' '너'를 남발하는 사람들은 아무리 생각해도 둘 중 하나이다. 공감 능력이 현저히 떨어지거나, 못됐거나.

처음 팀장이 되자마자 달려가 조언을 구했던, 다른 회사의 여성 임원 한 분이 있다. 여러 대기업에서 경력을 쌓은 멋진 분이다. 직장 생활에서 처음 팀장이라는 꼬리표를 달고 들떠 있는 내게 그분은 따뜻하면서도 단호하게 말했었다. "최대한 빨리 경력 만들어서 다른 회사로 가요. 지금 거기에서는 영원히 아기 취급 받을 테니까." 그때는 그 말이 반은 이해가 되고 반은 안 되었다. 솔직히 말하면 이해하고 싶지 않았다. 신입 시절부터 몸담았던 이 회사에서 인정받아 팀장까지 되었는데, 여기를 떠나 다른 곳으로 가라니. 굳이 그 힘든 길을 왜 택해야 하나 싶었다. 처음에는 아기 취급을 하겠지만 빨리 성과를 내고 실력을 보여 주면 회사도 나를 인정할 것이라는 원론적인 믿음이 있었나 보다. 아직 몇 년 되지도 않은 시점에서 결론 내리기는 성급하지만, 최소한 현실은 조금 알게 된 것 같다. 마치 아역 시절의 이미지를 성인이 된 후에도 쉽게 떨쳐 내지 못하는 배우처럼 한 번 뇌리에 박힌 꼬꼬마는 쉽게 어른으로 인정받기 힘들다는 것, 그것이 위로 올라가 점차 큰 산과 정면 승부를 봐야 하는 결정적인 순간에 발목을 잡을 수도 있겠다는 것이다. 그리고 이를 넘어서기 위해서는 꽤나 많은 시간과 에너지가 필요할 거라는 것도.

신입 사원 시절부터 나를 봐 온 주변 이들의 묵은 인식이 바뀌길 기대하기보다, 여기를 떠나 다른 곳에서 팀장으로 처음부터 새롭게 시작하는 게 내 경력을 위해서는 더 빠른 길일 수는 있겠다. 앞으로도 내가 새로운 아이디어를 낼 때마다 '어쭈, 제법인데.' 또는 '네가 뭘 아냐?'는 식의 귀여운 무시를 견뎌 내야 할지 모른다. 더 큰 장애물은 한껏 위축되어 있는 나 자신이다. 팀장답게 대우해 달라고 외치는 것 자체가 왠지 부끄럽다. 마치 초등학생이 나도 이제 어린애가 아니라며 부모에게 앙탈 부리는 느낌이랄까. 혹시라도 내 말과 행동이 팀장답지 못한 건 아닌지, 아직 실력도 성과도 부족한 초짜인 게 들킨 건 아닌지 걱정부터 앞선다. 별것 아닌 말에도 금방 짜부라진다. 모욕감에 기분이 상하면서도 선뜻 반박하지 못한 이유는 그것이다. 나부터 나를 아이로 보고 있는 것이다.

어디서 팀장을 하든 넘이야 할 산은 이것이다. 내가 스스로 팀장이라는 호칭이 부끄럽지 않을 만큼 자라는 것. 남들이 뭐라고 하든 개의치 않고, 배려 없는 공격에는 당당하게 존중을 요구할 수 있는 용기만 좀 있다면 좋겠다. 그즈음이면 이곳에서도, 다른 곳에서도 꽤 괜찮은 팀장이 되어 있지 않을까. 그런데 가만, 그러고 보니 아무 말이나 막 던지는 그 사람들이야말로 아직 덜 자란 게 아닌지. 경력이 쌓인다고 저절로 어른이 되는 게 아니라면, 그렇다면 나도 조금만 노력하면 되지 않을까.

초보 딱지

# #씁쓸하다

연말 승진 심사 때, 내가 팀장이 되는 것을 반대한 임원들이 있었다는 얘기를 전해 들었다. 이 말을 내게 전한 이의 의도는 주변의 반대가 있었음에도 불구하고 내가 팀장이 될 수 있게 자신이 힘썼다는 걸 강조하려는 거 같았지만, 그게 지금 중요한 게 아니고요.

"왜 반대했대요?"

"아, 아직 그 일을 한 경력도 얼마 안 되었고 복직한 지도 얼마 안 됐다, 그런 거지 뭐. 너무 신경 쓰지 마."

다 얘기해 놓고 신경 쓰지 말라니. 그나저나 그냥 한 말인 줄 알았더니 진짜인가 보네. 마시던 커피가 유독 썼다. '내가 뭐 어때서'라고 따지기에는 구구절절 맞는 말이었다. 당장 팀장 자리가 비어 누군가가 필요한 건 사실이었지만, 내가 그 역할을 하는 건 아무리 생각해도 당위성이 부족했다. 둘째를 낳고 복직한 지

6개월만의 일이었고, 심지어 휴직 전에는 다른 팀에서 일하다가 복직과 동시에 새로 그 팀으로 온 상황이었다. 경력도 전문성도 없었다. 관리자로서의 역량은 더더욱 전무했다. 이 회사에서 신입 때부터 10년 넘게 쭉 있었다는 것을 제외하고는 내겐 팀장이 될 자격이 없어 보였다. 나조차도 의아했던 그 결정에 반대 의견이 있었던 건 당연하다. 그럼에도 섭섭하다. 굳이 또 반대할 건 뭐람. 나에 대해 뭘 안다고. 누구는 뭐 처음부터 잘했을까. 한편으로는 오기도 생겼다. 어쨌거나 반대 의견에도 난 팀장이 됐잖아. 팀장 노릇, 이제부터 잘하면 되잖아.

하지만 팀장을 오기로만 할 수는 없기에 모르는 건 물어봐야 했다. 생전 처음 결재라는 것도 하고, 팀의 예산을 승인하고, 갑자기 무슨 회의를 가고, 다른 팀하고 같이 프로젝트를 하는 등 처음 하는 모든 일들에서 나는 버벅댔고, 그때마다 주변 선배들에게 찾아가거나 메신저로 조언을 구했다. 처음에는 친절하게 알려 주던 선배 중 몇몇은 어느 순간부터 묻지도 않았는데 자꾸만 '이걸 해라.' '저걸 해야 한다.' 조언을 아끼지 않더니, 급기야는 은근슬쩍 자기 팀에서 하기 싫고 애매한 일들을 내게 당연히 해야 하는 일처럼 떠넘기기도 했다. 힘들다는 하소연을 열심히 들어 주던 또 어떤 선배는 '그 친구 참 걱정이야.'라며 누군가에게 내 얘기를 하는 바람에, 돌고 돌아 전혀 친분이 없는 이가 갑자기 괜찮냐고 나를 위로한 적도 있었다. 말이란 돌고 돌아 엉뚱하게 퍼지기 십상이라, 자칫 윗사람의 귀에라도 들어간다면 나를 뭐라고 생각할지 상상만 해도 피곤했다. 요즘 힘들어한다더라, 잘 모른다더라, 역시 팀장이 되기에는 아무래도 좀 이르긴 했다, 그럴 줄 알았다 등등.

사회 초년생 때 아빠와 함께 운전 연습을 나간 적이 있다.

"초보 운전 스티커를 안 붙여도 될까요?"

불안해하는 내게 아빠는 말했다. 초보 운전 딱지를 붙이는 순간 차들이 절대 비켜 주지 않으니 붙이면 안 된다고. 아빠의 지론으로 연습 첫날부터 나는 중견 드라이버 코스프레를 했고, 덕분에 운전도 빨리 늘었다. 뒤차들은 짜증이 좀 났겠지만. '나, 초보 팀장이에요. 이건 어떻게 하는 거예요?' '처음이라 잘 몰라서요. 해 봤어야 알죠.' 이런 말들은 마치 자동차 뒤에 붙은 '완전 초보' 딱지처럼 주변 이들의 배려를 갈구한다. '초보니까 좀 느려요. 먼저 가세요.'라는 뜻이든, '초보 운전이니까 알아서 배려해 주세요.'라는 맹랑한 의도든 간에 냉혹한 고속도로에서 약한 모습을 대놓고 드러내며 주저하는 초보 운전자는 더 많은 차들에게 추월당할 뿐이라는 사실을 운전하면서 알았다. 운전자들이 못돼 먹어서가 아니다. 그저 자기 갈 길을 바삐 가는 것뿐이다. 여유가 있을 때는 내 앞의 초보 운전자를 얼마든지 기다려 줄 수 있지만, 바쁠 때면 짜증부터 나는 법이니까. 직장도 그냥 그런 곳인 것 같다. 약자를 자처할 필요도 없으며 도와주지 않는다고 서운해할 일도 아닌, 그냥 그런 사회인 것이다.

"그 친구 아직 운전하긴 일러요." 그 말에도 무릅쓰고 나는 팀장이라는 면허증을 들고 도로에 나왔다. 이제부터는 내가 스스로 달려야 한다. 초보 운전 딱지는 안 붙이기로 한다. 조금 천천히 달릴지라도, 길을 잘못 들지라도, 잘 몰라도 대충 아는 척, 고민하는 척, 의연한 척하다 보면 어느새 실력도 늘어 있지 않을까. 운전도 그랬던 것처럼.

## 작은 팀 콤플렉스

# #초조하다

'조직 문화'에 관한 어떤 분의 글을 봤다. 갑작스러운 조직 개편으로 팀 하나를 줄여야 하는 상황에서 결성된 지 얼마 되지 않은 A 팀을 없애는 걸로 모두가 합의를 보았단다. A 팀장은 다른 팀의 팀원이 된 상황을 받아들이지 못해 결국 퇴사를 선택했고, 글쓴이는 A 팀을 흡수한 팀의 팀장으로서 상처받은 영혼을 달래는 일이 얼마나 어려운지에 대해 설파했다. 글을 읽는 내내 목에 뭐가 걸린 느낌이었다. 남 같지 않았다. 글쓴이 말고, A 팀장이.

팀장이 된 지 5개월 차 즈음이었다. 회사에서 갑자기 '대팀제'를 실험적으로 도입한다고 했다. 팀장에게 제대로 된 리더십과 책임을 부여하기 위해 소규모 팀을 합쳐 2~30명 단위의 팀을 만드는 그림이었다. 자연스럽게 팀장 몇몇은 자리를 내놓아야 했다. 직급이 낮은 순서대로, 규모가 작은 순서대로 사라질 것이라는 확정적 소문이 돌았다. 팀장들은 난리가 났다. 억울하다고,

자기는 절대 받아들일 수 없다고, 무슨 조직 운영을 이따위로 하냐고. "그러게요, 진짜 말도 안돼요." 하고 거들면 선배들은 볼멘 소리로 말했다.

"야, 넌 팀장 된 지 얼마 안 됐으니 억울하지라도 않지."

아니, 5개월 팀장은 팀장 아닌가? 어린 나이에 죽으면, 살 만큼 살고 간 사람보다 덜 억울할까? 뭘 해 볼 기회도 없이 자리를 뺏기는 것도 짜증 나는 일 맞잖아! 자리를 줬다 뺏는 것도 허무하지만, 다 저마다 이유가 있어 만들었을 작은 팀들을 작다는 이유만으로 쉽게 없애겠다는 회사의 처사에 화가 났다. 그게 어째서 큰 그림인지도 이해할 수 없었다. 하지만 대부분의 팀장들에게 억울함은 자존심의 문제였던 것 같다. 팀이 없어지는 것보다도, 몇 년간 쓰고 있던 팀장 감투를 벗고 다른 이의 밑으로 들어가는 게 자존심 상하는 것이다. 감투가 크면 클수록, 오래 쓰고 있었을수록 자존심의 무게도 큰 듯했다. 그래서일까. 팀장들은 함께 회사를 욕하면서도 쉼 없이 서로의 존재감을 저울질했다. 경력이 오래된 팀장은 어깨에 힘이 잔뜩 실렸고, 위태로움을 느낀 팀장은 잽싸게 다른 본부의 팀장 자리를 알아보기도 했다. 자신을 지키기 위해 남을 공격하는 일도 서슴지 않았다. '차장 팀장들만 걷어 내면 되는 거 아냐?' '다섯 명 미만인 팀은 솔직히 없어져도 되지.' 사람들은 나름의 타협점을 논하며 그 정도 선에서 이 혼란이 얼른 마무리되길 바랐다. 다섯 명 팀에 차장 팀장인 나만 빼고.

2개월간 조직을 뒤흔들던 대팀제는 많은 이들의 반발로 결국 없던 일이 되었다. 순진했던 초보 팀장은 그때 처음으로 잔혹한 전쟁터의 현장을 직접 목격했을 뿐 아니라 조직의 촘촘한 위계 속에서 내 자리가 어디쯤 박혀 있는지 정확히 알게 되었다. 2년 정도가 지난 지금도 여전히 나는 이곳에서 제일 어리고 최단 경력 팀장의 위상을 유지하고 있기에, 조직도가 새로 그려질 때마다 가슴을 졸인다. 효율의 칼날 앞에 내가 맡고 있는 기업문화팀 같은 조직은 언제든지 1순위로 정리될 수 있는 데다가, 바위 같은 부장 팀장들 사이에 낀 차장 나부랭이는 언제든 뽑혀 버려질 잡초 같아서이다. 누군가에게 도움을 받을 수도, 대놓고 팀의 안위를 보장해 달라고 요구할 수도 없다. 언제든지 서로 먹고 먹힐 수 있는 전쟁터에서 약자를 자처하긴 싫으니까. 이제 막 직책을 맡은 꼬마가 감투에 연연하는 것도 꼴불견일 듯하다. 물 밑에서 부산스레 발을 젓는 도도한 백조처럼, 존재의 이유를 만들어 내기 위해 사활을 걸고 달리면서도 겉으로는 팀장 따위 안 해도 그만인 척 쿨한 얼굴로 조직도를 곁눈질한다. 언제쯤이면 없애도 괜찮은 팀의 딱지를 벗을 수 있으려나. 시간이 지난다고 해결될까. 대팀제 소문에 들고 일어났던 선배들을 보면 꼭 그렇지도 않을 것 같다. 조직 개편의 위용 앞에서는 팀장이든 임원이든 한없이 작은 존재이다.

글에서 본 A 팀장은 그러니까, 합의를 한 게 아니다. 제일 어리고 팀의 역사가 짧으니까 상처도 덜 할 것이라는 그들의 암묵적 합의를 반박하기엔 그는 아무런 힘이 없었을 테니. 억울하다고 말해 볼 수나 있었을까. 다른 팀 밑에 들어간 게 억울한 게 아니라 얼마 안 된 팀이니까 해체해도 된다는 결정, 어리니까 상처도 덜 받아야 한다는 논리가 억울한 것이라고. 자존심이 상해서가 아니라고. 팀장을 시켜 달라는 게 아니라, 회사의 진심 어린 인정과 존중을 원하는 것이라고. 그런 말조차 해 볼 수 없어서, 괜찮지 않은데 괜찮은 척해야 하는 자신을 견디기 힘들어서 그는 차라리 회사 밖으로 걸어나가는 어려운 결단을 내린 것이 아닐까. 그런 그를 그저 상처받고 도망치는 나약한 사람으로, 자존심 센 고집쟁이로 치부해버리면 안 되는 것 아닐까. 자꾸만 얼굴도 모르는 그가 눈에 밟힌다.

발령

# #속상하다

인적자원(Human Resource)의 측면에서 '일을 하기 위해 갖다 쓰는 자원'으로 팀원을 대하는 팀장들이 있는데, 나는 그 말이 참 싫다. 갖다 쓴다니. 노동력이라는 '힘'을 쓸 수는 있어도 사람을 자원으로 쓴다는 건 영 어감이 안 좋다. 사람을 기계 취급, 물건 취급하는 것 같아서이다. 팀원이 쓰고 고장 나면 버리는 물건이라면, 팀장은 그 물건을 취급하는 주인이라도 되나? 회사라는 조직에서 팀장이라고 뭐 대단한 자유 의지를 행사할 수 있는 것도 아닌데. 결국 같은 물건끼리 계급장 달았다고 주인 행세하는 꼴이 우습다.

팀장이 되고 얼마 안 되어 팀원 한 명을 다른 부서에 보내야 할 일이 생겼다. 우리는 지원 부서이고, 돈을 버는 현업 부서에서 사람이 필요하다고 하면 어떻게든 지원해야 하는 입장이기에 각 팀에서 가장 핵심적인 역할을 하고 있는 중간 직급을 보내야 한다고 했다. 당황스러웠지만 별수 없었다. 팀원들이 내 소유도 아니고, 회사에서 '효율'이라는 큰 그림 하에 조직 개편과 인사 이동을 지시했으니 그대로 따라야만 했다. '너에게도 도움이 될 거다.'라는 애매한 말로 면담을 한 후 그를 현업으로 보냈다.

몇 달 후 또 한 명이 거론되었다. 우리 팀에 배치된 신입 사원이었다. 내가 면접 때부터 점찍어 둔, 그리고 우리 팀에 배치되어 6개월간 열심히 가르치고 적응시켰던 신입 사원을 다른 팀으로 보내라는 지시가 내려왔다. 이유인즉슨 같은 부서의 다른 팀에서 힘들어하는 신입 사원이 있는데, 그 친구를 우리 팀원과 맞바꾸라는 것이었다. 전략적인 조직 개편 상황도 아니고, 멀쩡히 적응해서 자기 일을 하고 있던 우리 팀원을 갑자기 보내라니. 부서장의 결정이 못마땅했다. 그의 입장에서야 한 부서 안에서 퍼즐 맞추듯 여기서 사람을 빼서 저기에 넣으면 되는 일이고, 둘 다 신입 사원이니 크게 문제될 게 없다고 생각했겠지만 팀장으로서는 난감한 일이었다. 무엇보다 팀에 미칠 영향이 걱정되었다. 팀원들도 새로운 사람에게 적응하고 맞춰가는 것은 상당한 에너지를 필요로 할뿐더러, 누구든지 열심히 일하다가도 이렇게 갑자기 다른 팀으로 가게 될 수도 있겠다는 불안정성에 혼란스러울 것이었다. 보내지게 된 팀원은 의기소침해져서 내게 물었다.

"제가 뭘 잘못했나요?"

차마 그쪽 팀원을 위해 네가 희생하는 거라고 말할 수는 없었다. '내가 왜? 적응 잘한 죄밖에 없는데.'라고 느낄 게 분명했다. 그럼에도 '지시하시는 대로 따르겠습니다.'라고 말해 주는 착한 팀원에게 '그 팀에서 ○○ 씨가 잘할 거 같아서 욕심이 났나 봐요. 원래 신입 사원 때는 다양한 경험을 해 보는 게 좋아요.' 이런 말들로 둘러대는 수밖에 없었다. 부서장의 뜻에 거부권을 행사할 만큼의 깡다구도, 무조건 안 된다고 할 이유도 부족했다. 조직 안에서 필요에 따라 팀원을 배치하는 건 지극히 논리적인 일이지, 정에 호소할 일이 아니었다.

그 후로도 팀원 누구를 보내느냐, 마냐를 두고 여러 차례 주변 이들과 씨름을 했다. '그 친구 어때?' 부서장으로부터, 다른 팀의 팀장으로부터 제안, 지시, 요청 그 중간 어디 즈음의 목적을 가진 이 질문을 받으면 나도 모르게 미간에 힘이 들어갔다. '어떻긴요, 훌륭하죠. 저희 팀에 없어서는 안 되는 존재입니다. 그러니까 눈독들이지 마세요.' 여기까지 생각하다 멈칫했다. 내가 지금 무슨 생각을 하고 있는 거지. 물건이 아니고 사람이라며. 나는 주인이 아니라며. 어느 팀에서 일할 건지는 그들이 선택하고 결정할 문제인데, 내가 나서서 그들의 앞길을 가로막고 있는 건 아닐까. 그들에게 돌아갈 더 좋은 기회를 내 마음대로 차단한 게 아닐까.

팀을 이끄는 입장에서 팀원을 뺏기고 싶지 않은 이유는 단순하다. 일손이 줄어드니까. 그러면 어떤 일을 못 하게 되거나, 남은 팀원들이 그 일을 나눠서 해야 하니 부담이 배가 된다. 팀의 R&R이 깨지고, 분위기가 어수선해진다. 그걸 정돈하고 수습하는 과정은 상당히 번거로운 일이다. 그러니까 팀원을 일손이나 어떤 R&R의 일부로 여기는 것 자체가 팀원을 물건 취급하는 것과 크게 다르지 않다는 것을 아프게 깨닫는다. 팀원을 지키는 것이라고 생각했지만 사실은 나 자신을, 내가 만든 성을 지키려는 것이었으니 나도 다른 팀장들과 별반 다르지 않은 걸까.

여전히 마음이 부대낀다. 적절한 인력 관리로 일이 돌아가게 하고, 역할을 배분하는 것은 팀장의 몫이지만 꼭 팀원을 그렇게 아무 데나 필요한 대로 꽂아 놓은 벽돌처럼 취급해야 하는 건지. 그게 아니라면, 팀원들을 사람으로 존중한다면 팀원들에게 자유의지를 주는 것이 맞지 않을까. 수시로 생각할 시간을 주고, 본인의 계획을 실현할 기회를 주는 것이다. 갑자기 다른 팀으로 보내라는 지시가 떨어졌을 때 말도 안 되는 핑계를 만들어 '지못미(지켜 주지 못해 미안해)' 할 게 아니라, 팀원이 평소에 하고 싶은 일을 고민하게 한다면? 미리 고민하고 준비한 친구라면 갑자기 기회가 주어졌을 때 기꺼이 잡을 것이고, 나 또한 기쁜 마음으로 보내 줄 수 있을 것 같다. 만약 계획과 상관없이 다른 곳으로 가라고 한다면, 팀장이 나서지 않아도 팀원 스스로가 논리적으로 거부권을 행사할 수 있지 않을까. 물론 회사 생활이 그렇게 마음대로 되지만은 않겠지만, 최소한 본인의 의지와 무관한 랜덤 인형 뽑기만큼은 막을 수 있을지도 모르겠다. 인형을 뽑는 집게를 팀장이 조종할 수는 없더라도 집게가 내려올 때를 대비해 우리 팀원들을 준비시키는 것 정도는 할 수 있지 않을까. 아니지, 그것도 오지랖이다. 어쩌면 그냥, 아무것도 하지 않고 나 몰라라 하는 게 맞을 수도 있겠다. 팀원들도 어른이니까. 자유 의지를 가지고 생각하는 존재이니까, 내가 시키지 않아도 어련히 알아서 준비하고 있을 테니. 그런데 그래도 되나, 팀장인데. 아, 정말 모르겠다.

## 삽질

# #괴롭다

삽질을 많이 하던, 아니 삽질만 하던 팀원 시절의 이야기이다. 팀장이 뭘 시켜서 하고 있는데, 2시간 쯤 후 팀장이 갑자기 다른 걸 시킨다.

"아까 그 일은요?"

"아, 그건 안 해도 돼."

새로 시킨 일을 열심히 하고 있는데 회의에 다녀온 팀장이 또 부른다.

"아까 그건 일단 놔두고, 이것부터 해라. 급하다."

하……, 이거 했다 저거 했다 하는 것도 짜증 났지만, 나름대로 열심을 다하고 있던 모든 일을 휴지조각으로 만들어버리는 팀장의 태도에 신경질이 났다. 모든 게 다 급하다고 해서 허둥지둥하고 있으면 잠시 후 다른 더 급한 일에 밀리고, 결국 하루 종일 이쪽저쪽 삽만 찔러보다 겨우 마지막에 떨어진 일 하나 간신히 처리하느라 내 소중한 시간을 다 보냈다. 그때 다짐했었다. 내가 나중에 팀장이 되면 절대 저러지 말아야지. 생각하고 일을 시키고, 팀원이 하는 어떤 일도 하찮게 여기지 말아야지. 최소한 삽질은 시키지 말아야지.

팀장이 되어 보니, 그 최소한이란 게 쉽지는 않다. 바빠 죽겠는데 일의 의미와 배경, 기대 수준, 납기까지 하나하나 친절하게 설명할 시간이 일단 없다. 그리고 그렇게 시킨 일이라 해도 갑작스럽게 떨어지는 급한 일에 뒤로 밀리는 경우가 부지기수이다. 무엇보다도 내 머리로 완전히 이해되지 않더라도 위에서 시킨 일은 당장 해야 하며, 아무리 열심히 했어도 위에서 이게 아니라고 하면 처음부터 다시 해야 한다. 팀장이 처한 위치가 그렇다. 부서장이라고 다를까. 위로 올라갈수록 더 바쁘고 시간이 없으니 자초지종을 친절히 설명하기보다는 "일단 해!"가 튀어나오는 게 어쩌면 당연하다.

내게 가장 힘든 시나리오는 이것이다. 아무리 생각해도 이건 아닌 것 같은 일, 어떤 때는 도대체 뭘 하라는 건지 잘 모르겠는 일을 최대한 빨리 해 오라고 위에서 시킨다. 나름대로 소화시켜 팀원에게 전달한 후, 팀원이 해 온 결과물을 적당히 손봐서 부서장에게 들고 간다. 아니나 다를까, 그가 다른 말을 한다. 이거 안

하기로 했다고. 또는 내가 말한 건 그게 아니었다고. 내가 잘못 이해한 건지, 그가 손바닥 뒤집듯 말을 바꾼 건지 헷갈리지만 사실이 무엇이든 중요하지 않다. 결과적으로 나와 팀원은 삽질을 했고, 이제부터 삽질의 전말을 수습해야 한다. 팀원에게 뭐라고 말해야 할까. 내가 부서장의 말을 잘못 이해한 것도, 이것이 결국 삽질이 될 거라는 걸 미리 눈치채지 못한 것도, 우리가 만든 결과물로 부서장의 마음을 돌리지 못한 것도 다 내 탓인가 아니면 중간에 마음을 바꾼 부서장 탓인가. 설사 정말 부서장이 마음을 바꾼 거라 해도, 팀원을 붙잡고 그를 욕할 수도 없다. 그래 봤자 달라지는 건 없으니. 사원 시절에 그렇게 욕했던 무능한 팀장의 모습, 그게 딱 내가 될 줄이야.

도저히 이해되지 않는 일을 받았을 때, 팀장들은 두 가지 성향으로 나뉘는 것 같다. 먼저 '예스맨', 일단 윗사람에게는 yes를 하고 팀원들에게 가서 일을 던지는 유형이다. "나도 몰라. 위에서 하라니까 일단 해." 해석하려는 노력도 필요 없으니 참 편한 방법이다. 나중에 혹시 삽질로 끝나더라도 이렇게 말하면 된다. "위에서 하지 말라는데 어쩌겠니."

두 번째는 소위 '토 다는 유형', 뭔가를 지시받았을 때 한 번에 '네.' 하지 않고 시시콜콜 따지고 드는 유형이다. "이걸 왜 하나요? 지난번에 한 거랑 비슷한 것 같은데 다시 해야 하나요? 이거 예산을 받을 수 있는 건가요? 어느 정도까지 구체화해야 하나요?" 이쯤 되면 부서장이 신경질을 낸다. "그러니까 일단 정리해 와야 그다음에 예산을 받던지 할 거 아니야!" 아, 그 정도까지만 일단 정리하면 되겠구나. 다행히 무턱대고 구체적인 실행안까지 짤 필요가 없다는 걸 알았다. 안 될 수도 있는 일이라는 것도 감이 왔다. 하지만 시키는 일이니 해야 한다. 팀원에게 내가 이해한 수준으로 소화시켜 전달한다. "이런 맥락에서 나온 얘기야. 아주 구체적일 필요는 없어. 이거, 이거만 정리해 줘. 언제까지." 밑도 끝도 없이 뭔가 새로운 일을 해야 할 때는 그 정도 가이드라인이라도 있으면 할 만하다. 최소한 왜 하는지는 알고 해야 삽질도 나름 가치 있는 일이 된다.

처음에 몇 번 예스맨을 자처해 봤다. 갑자기 일을 하라고 할 때는 의미 제조기가 되었고, 갑자기 하지 말라고 할 때는 삽질에서도 배울 점이 있다며 구차한 설명을 늘어놓았다. 몇 번 반복되니 슬슬 화가 치민다. 아니, 나보고 어쩌라는 거야. 괜히 엉뚱한 곳에 신경질도 내 본다. 월급 받고 다들 일하는 건데, 회사에서 삽질이든 아니든 다 그게 일인 것이지. 어떻게 항상 명확하고 성과가 나고 재미도 있는 일만 하겠어! 하지만 팀원에게 '일이란 다 그런 것'이라는 꼰대 소리를 하는 것도 한두 번이다. 언젠가부터 부서장이 지시하면 '이렇게 하면 되나요? 저렇게 하라는 건가요? 언제까지 하면 되나요?' 하나하나 따져 묻고 있다. 싫은 소리를 듣더라도 일은 제대로 시켜야 하니까. 물론 그렇다고 삽질을 하지 않는 건 아니다. 결과적으로 없던 일이 되는 상황은 여전히 비일비재하다. 하지만 처음부터 '이건 삽질일 거야'라고 하는 일과 '이러저러한 이유에서 하는 일'은 그 일에 쏟는 시간의 질에서 차이가 나지 않을까. 설사 사라질 일이라 해도 할 때는 나름대로 열과 성을 다해야 자기한테도 남는 게 있을 것이다. 그게 경험치든, 실력이든 최소한 일이란 게 이렇게 갑자기 떨어지고 사라지기도 한다는 걸 몸소 체험하기라도 할 테니까. 그보다 어차피 안 될 일이라고 생각하고 한다면 될 일도 안 되지 않을까? 이런 마음가짐을 매번 장착하고 심호흡을 해 보지만 여전히 삽질 수습은 어렵고 괴롭다.

윗사람들이 예스맨을 좋아하는 건 어쩌면 당연하다. 이유가 있어서 시키는 건데, 그걸 하나하나 따지고 묻는 건 나도 싫다. 설명하기도 때론 귀찮다. 그냥 '네.' 해 주면 피차 편하다. 사실 우리 팀원들은 내가 어떤 삽질을 시켜도 속으로 욕할지언정 별말은 없었다. 내 속이 부대끼는 게 문제이다. yes 하고 돌아와서 팀원에게 일을 줄 때, 내가 이해가 안 되는 일을 그냥 던져야 할 때, 열심히 하고 있는데 갑자기 하지 말라고 할 때, 그때의 불편함을 내가 참을 수 없다. 아마도 팀원 시절의 기억 탓인지 모르겠다. 아무렇지도 않게 일을 던지고 버리는 일을 반복하다가 마지막에는 머쓱하게 미안하다는 말로 자신의 무능을 인정해버린 팀장의 직무 유기에 분노했던 기억. 나는 최소한 그러고 싶지는 않다. 팀원들에게 불편하지 않으려면 반대로 윗사람에게 불편하게 대하는 수밖에. 즉, 이해가 될 때까지 묻는 것이다. 기어이 싫은 소리를 한 번 더 듣고 나오더라도 어느 정도 소화가 된 상태로 팀원들에게 일을 주고 싶다. 끝까지 소화가 안 되는 일은 나 혼자 뭉개다 혼나거나, 내가 그냥 삽질을 해버리기도 한다. 아직은 똥인지 된장인지, 한 번에 알아채는 깜냥은 없다. 하지만 뭔지는 모르지만 한번 먹어보라고 죄다 팀원들에게 던지기 전에, 최소한 찍어서 맛을 보는 노력은 해야 한다는 생각이다. 그래도 팀장인데. 이렇게 보면 팀장은 정말이지 극한 직업이 아닌가.

## 반면교사

# #기가 차다

닮고 싶고 배우고 싶은 선망의 대상을 '롤 모델'이라 칭한다면, '내가 다른 건 몰라도 최소한 저 사람처럼은 하지 말아야지.'라고 교훈을 주는 대상도 존재한다. 보통 이런 경우 반면교사를 삼으라고들 하는데, 어떤 사람은 반면교사라는 말조차 아깝다. 교사라니, 그런 고상한 단어를 붙여 주고 싶지 않을 만큼 짜증 나는 사람, 다들 한 명씩 있을 것이다.

팀장 좀 먼저 달았다고 시시콜콜 '이래야 해.' '저래야 해.' 훈수 두는 것은 물론, 자신에 대한 평가가 정말 좋지 않은데도 스스로를 돌아보기는커녕 남 탓과 상황 탓만 하는 사람. 그 어떤 훌륭한 사람에게서도 나쁜 점을 기가 막히게 찾아내고, 그 어떤 좋은 상황에서도 안 좋은 점을 찾아내어 냉소를 날릴 수 있는 재주꾼. 그를 그저 멀리하기에는 일로 자주 부딪히기에 마주치는 면적을 최대한 줄이려고 내가 몸을 사리고 말을 아낀다. 그럼에도 한 번 대화를 나누고 나면 그의 부정적인 기운이 나를 휘감고 있어 한참 동안을 털어 내야 한다.

한번은 우리 팀에서 하는 일과 관련해 그쪽에서 먼저 회의를 하자고 연락이 왔다. 회의실에 들어가는 순간부터 차가운 공기로 기선을 제압하더니 앉자마자 냉소가 시작됐다. 그 팀이 한 일이 뭐 대단한 일이냐, 그 정도는 누구나 하는 수준 아니냐, 위에서 협조하라니까 하긴 하는데 솔직히 내가 왜 협조해야 하는지 잘 모르겠다 등등. 누가 봐도 이건 싸우자는 것이었지만 그의 냉소 전략에 말리면 안 된다는 생각에 꾹 참았다. 나만의 방어책이었다. 닿는 면적 최대한 줄이기. 한 마디를 하면 열 마디로 찌르는 사람에게는 빌미를 제공하지 않는 게 상책이라는 생각으로, 영혼 없이 '네.'로 일관하며 회의를 마쳤다. 자리로 돌아와 나도 모르게 털썩 주저앉았다. 빨대로 쭉 들이마신 주스팩처럼 쭈그러든 느낌이었다. 문제는 그다음이다. 성공적으로 잘 방어했다고 생각했는데, 계속 생각이 나는 것이다. 아, 그때 그 말을 했어야 했는데, 우리 팀의 성과를 더 어필했어야 했는데, 하기 싫으면 하지 말라고 면박을 줬어야 했는데, 그건 너네 일 아니냐고 큰소리를 쳤어야 했는데. 자리에 누워서도, 머리를 감다가도 문득문득 '했어야 하는 말들'에 이불 킥을 했다. 그쪽이 아무리 냉소로 무장한 프로라도, 미친 듯이 공격을 하더라도 우리 팀의 일에 있어서만큼은 할 말을 했어야 했다. 나는 팀장이니까.

결과적으로 회의에서 논의했던 협업 과제는 없던 일이 되었다. 처음부터 '안 하기 위한 회의'로 흘러갔기에 예상한 결과였다. 우리가 먼저 제안한 것도 아니었고, 다른 일로 바빠 그 회의를 준비할 시간도 없었다. 하지만 만약 잘 진행되었으면, 그 팀의 협조를 잘 받아 냈다면 우리 팀에 분명히 이득이 있었을지도 모를 일이었다. 찔리지 않으려고, 상처받지 않으려고 내 몸을 사리느라 기회를 놓쳤나 싶어 한동안 씁쓸함이 밀려왔다. 냉소주의자를 최대한 피하는 건 나의 정신 건강을 위해 옳은 방법이지만, 어쩔 수 없이 우리 팀의 일로 맞닥뜨렸을 때는 나 역시 창과 방패를 손에 쥐고 그를 똑바로 쳐다봐야 한다는 걸 뒤늦게서야 다짐한다. 우리 팀 일에 대해 공격하는 상대에게 '할많하않(할 말은 많지만 하지 않겠다)'은 곧 무능이니까. 팀장은 그런 것 같다. 피투성이가 되더라도 우리 팀에게 좋은 방향으로 결론이 나게끔 하는 게 팀장이 할 일이라면 나중에 혼자 이불 킥을 백번 한들, 팀원들에게 '그때 내가 일부러 참은 거야.'라고 변명한들 이미 나는 그 링에서 졌다.

냉소주의자에게 할 말을 하려면 일단 내가 먼저 겹겹이 무장

해야 한다. 우리 팀의 역할에 대해서, 결과물에 대해서, 그 과정의 정당성에 대해서 자신감으로 똘똘 뭉쳐 있어야 찌르는 공격에 다치지 않을 뿐 아니라 한 번이라도 찌를 수 있다. 그저 말을 아끼며 닿는 면적을 줄이는 방어 말고, 공격에 대해 그건 아니라고 자신 있게 말할 수 있을 만큼의 확신이 팀장에게는 필요하다. 그러니까 이불 킥을 하는 시간에, 우리 팀의 일을 하나씩 다시 들여다봐야 한다. 언제, 어디서, 갑자기 어떤 이야기를 주고받든 간에 우리 팀에게 필요한 것을 취할 수 있는 체력과 깜냥을 열심히 키워 두어야겠다. 그나저나 이렇게 나를 한 뼘 성장시켜 준 그분, 교사로 인정합니다.

팀원의 이직 ❶

# #허탈하다

온 가족이 여행지에서 코로나19에 걸리고, 가장 친했던 관계가 틀어지고, 일이 휘몰아쳐 스트레스가 극에 달했던 어느 날, 약속이나 한 듯 팀원 둘이 연달아 할 말이 있다고 했다. 힘들다는 얘기거나 일을 바꿔 달라는 건 줄 알았다. 같이 협업하는 옆 팀이 너무 힘들게 한다는 것도, 일이 너무 몰려 벅차다는 것도 알고 있었다. 그것을 해결해 주느라 나 역시 머리가 아팠으니까. 설마 얼마 전 회사 게시판에 올라왔던 사내 공모에 지원했다는 얘기일까도 잠깐 상상했다. 그런데 내 머릿속에 0.1초도 떠오르지 않았던 단어, 멋쩍게 마주 앉아 팀원이 처음 꺼낸 그 단어는 바로 '이직'이었다.

"뭐라고요?!"

원래 하고 싶었던 일을 찾아 떠난다고, 변화가 필요한 것 같아 떠난다고 했다. 팀장님이 너무 좋고 팀도 너무 좋지만, 그래도 지금 아니면 안 될 것 같아서 도전한다고. 꽤나 오랫동안 고민한 듯 논리정연하게 이야기를 꺼내는 그들에 비해, 나는 전혀 준비되어 있지 않았다. 단지 초보 팀장이라서만은 아니었다. 팀원이 둘씩이나 동시에 떠난다는 사실보다, 절대로 우리 팀원은 퇴사할 리 없다고 확신했던 나 자신에게 너무 어이가 없었다. 대체 무슨 근거로, 어디서부터 솟아오른 자신감으로 이런 일이 내게는 절대 일어나지 않으리라 생각했을까. 어째서 내 인생도 아닌 팀원들의 인생 계획을 멋대로 단정지었던 걸까. 팀원들에게 각자의 커리어 로드맵을 잘 그려보라고 격려하면서도, 한편으로는 내가 팀장으로 있는 한 팀원들도 무조건 나와 함께할 거라는 왜곡된 믿음이 있었다. 좋은 팀장이 되려고 노력했으니까, 힘들다는 얘기도 열심히 들어 주었으니까, 각자의 일에 의미를 더해 주고자 애썼으니까, 내가 이만큼 노력했으니 팀원들도 같은 마음이려니 성급하게 넘겨짚었다. 과하게 넘쳤던 자신감 덕분에 나는 떠나는 팀원을 붙잡을 어떤 명분도, 약속도 미리 준비하지 못했다.

당황한 표정을 숨기지 못하는 내게 미안해서일까, 이별의 아쉬움 때문일까, 눈이 빨개진 팀원 앞에서 나 역시 쏟아지려는 눈물을 참으려 애썼다. 나는 왜 눈물이 날까. 섭섭해서? 화가 나서? 속상해서? 출처를 알 수 없는 눈물이라 함부로 내보이면 안 되었다. 복잡하고 쓰린 마음을 내보이기에는 아직 정리가 안 되었으니까. 서로의 행복을 빌며 아름답게만 헤어지기에는, 팀원의 퇴사는 팀장으로서는 무거운 숙제이다. 남은 일과 남은 사람들을 잘 수습하면서, 동시에 떠나는 팀원을 잘 보내야 한다. 그러려면 무엇보다 내 감정을 잘 추슬러야 했다. 그러지 못한 채 서운함을 말과 표정으로 다 쏟아 내면 두고두고 후회가 남을 것 같았다. 그렇다고 퇴사 얘기를 들었는데 세상 담담하게 'okay, bye.' 하는 것도 좀 이상할 테니, 복잡한 속내를 최대한 드러내지 않으려고 몇 번이나 시선을 다른 곳으로 돌렸다. 방역 지침 덕분에 마스크로 얼굴을 가렸으니 그나마 다행이었다.

작별의 순간을 미리 준비하지는 못했지만 팀장으로서 내가 할 수 있는 최선의 한 마디를 간신히 찾아내 주섬주섬 건넸다. 어쨌거나 그의 선택을 응원한다고. 그 선택지가 내가 아니어서, 우리 팀이 아니어서 섭섭하긴 하지만 충분히 고민하고 어렵게 내렸을 그 선택을 지지한다는 것만은 진심이었다. 언제나 팀원들에게 입버릇처럼 했던 말이었다. 회사가 어떻게 되고 팀이 바뀌더라도, 자기의 일과 커리어는 스스로 계획하고 설계하는 것이라고 했었다. 그러니까 그 선택에 대해서 누구에게 전적으로

의존해서도, 불평을 해서도 안 된다고. 각자가 계획을 가지고 각자의 일을 멋지게 한번 해 보자고. 그렇게 팀원들을 한껏 동기부여 한 결과가 이직이라는 건 미처 예상하지 못했지만, 뭐 어쩌겠나. 자기 자신에게 가장 좋은 선택을 하겠다는데. 그 결과에 따른 책임도 자기가 지겠다는데. 그나저나, 이제 어떡하지?

팀원의 이직 ❷

# #섭섭하다

팀장의 삶을 굳이 인생사에 비유한다면 팀원의 퇴사는 희로애락의 '애(哀)', 생로병사의 '병(病)'쯤 되겠다. 나를 이토록 슬프고 병들게 만든 첫 번째 감정은 무력감이었다. "이직에 성공했어요."라는 팀원의 첫마디가 무방비 상태에서 훅 들어왔다. 성공이라니. 이직이 성공이면, 여기 남아 있는 상태는 실패인 걸까. 그렇게도 간절했구나. 몰랐네. 그런데 내가 뭘 잘못했지? 어떻게 나한테 이럴 수가 있지? 힘들다는 얘기면 뭐라도 해 보겠는데, 뭔가를 해 볼 여지도 없이 떠나겠다는 이를 멍하니 바라봐야 한다는 상황에 기운이 쭉 빠졌다. 그간 일이 힘들다고 했을 때 나름대로 해결해 주려 애쓰고, 난데없이 일이 있어 연차를 쓰겠다고 할 때도 충분히 재충전하고 오라며 손을 흔들었던 내가 떠올라 기가 찼다. 아무리 경험치가 없다지만 참 순진했다. 하지만 미리 알았다 해도 잡을 수 있었을까. 고민이 깊어지고 마음을 굳

혀가기 전에 팀장인 내가 해 줄 수 있는 게 있었을까. 생각할수록 가슴이 쓰렸다.

무력감에 이어 밀려온 또 하나의 감정은 패배감이었다. 팀장이 되고 나서 이때만큼 힘들겠다며 위로를 많이 받은 적도 없었고, 실제로 이만큼 힘들었던 적도 없었다. 말도 안 되는 일을 맡아 팀 전체가 삽질을 할 때도, 첫 인사 평가 시즌에 머리를 싸매고 고민할 때도, 우리 팀원을 다른 팀에 보내라는 지시가 내려왔을 때도, 그 어떤 것도 팀원이 제 발로 나가겠다는 것에 비하면 아무것도 아닌 일이었다. 그래서인지 "너무 일이 많아요."라고 했을 때는 콧방귀도 안 뀌던 선배들이 너도나도 심심한 위로를 건넸다. '힘들지, 어떡하냐, 잘 추슬러라, 네 잘못이 아니다, 팀원들은 원래 내 마음 같지 않다, 기대하면 안 된다…….' 고마우면서도 씁쓸했다. 이렇게 위로를 받아야 할 만큼 슬픈 현실을 내가 지금 마주하고 있다는 것이, 저들이 마음껏 위로를 건넬 만큼 내가 지금 불쌍해 보인다는 것이. 그리고 창피했다. 팀원을 둘씩이나 잡아먹은 팀장이라는 오명을 이제부터 어떻게 감당할까, 생각하면 어딘가로 숨고 싶었다. 불과 얼마 전에 갑자기 연달아 둘, 셋씩 퇴사하는 팀의 팀장을 두고 몇몇이 그런 이야기를 했었다. 그 팀은 블랙홀이라고, 오죽 힘들게 하면 그렇게 줄줄이 퇴사를 하느냐고, 나머지 팀원들도 안 그만두면 다행이라고. 이제 남 일이 아니다. 그 팀장이나 나나, 사람들은 결과만 보고 이야기한다. 속사정은 아무도 모르고, 관심도 없다. 나 역시 그랬으니까. 다른 팀장들이 무능해서, 못돼서 팀원들이 나가는 게 아니구나. 아니면 설마, 나는 아니라고 믿었지만 사실은 내가 그런 팀장이었던 걸까?

자리에 앉아 모니터를 보면서도 의식이 멍한 채로 반나절을 보내다가 팀원들이 통보한 퇴사 예정일을 달력에 적었다. 아니, 2주도 안 남았잖아! 정신이 번쩍 들었다. 2주 후부터는 그럼, 그 일들은 누가 하지? 남은 팀원들이 할 수 있을까? 팀원들한테 뭐라고 얘기하지? 새로 사람을 뽑으려면 뭐부터 해야 하지? 떠나는 이들과 떠나보낸 나를 쳐다보느라 남아 있는 팀원들을 미처 보지 못하고 있었다. '어떻게 나를 버리고 갈 수가 있어.' '팀원을 둘이나 잡아먹다니 너무 창피해.' 그런 생각이나 할 만큼 팀장은 한가하지 않다. 정신 차리자.

떠나는 이유가 무엇이든 그들은 용기를 냈다. 지금 자기 자신에게 무엇이 가장 좋을까를 고민하고, 새로운 환경이 필요하다는 판단이 섰을 때 이를 실행에 옮겼으니까. 아무것도 알 수 없는 안개 속으로 발을 디디는 것도 용기이지만, 그것보다 더 큰 용기는 기존의 것들을 내려놓는 용기이다. 지금까지 쌓아온 것들을 포기하는 용기, 남은 사람들에 대한 마음의 짐을 기꺼이 짊어질 용기, 팀장에게 자신의 선택에 대해 이야기하고 먼저 작별을 고할 용기.

팀원들이 이만치 용기를 냈다면, 나도 한번 용기를 내봐야지 않을까. 팀원을 잡아먹었다는 오명을 뒤집어쓸 용기, 당장 감당할 수 없는 일은 성과를 좀 포기하더라도 내려놓는 용기, 스스로에 대한 확신을 깨고 내 생각이 틀릴 수 있다는 것을 인정하는 용기, 그리고 지금 이 상황에서 할 수 있는 최선의 선택을 해 나갈 용기가 필요하다. 앞으로 나한테 중요한 건 남아 있는 팀원들이 지치지 않게, 당장은 일이 좀 더해지겠지만 그것이 오래가지 않게 앞으로의 우리 팀을 다시금 꾸려 나가는 것이다. 하나 더 있다. 떠나는 팀원에게 '내가 앞으로 더 좋은 팀장이 되기 위해 고쳐야 할 것은 없는지' 묻는 용기 또한 필요하다. 어쨌든 떠나는 수많은 이유 중 하나에는 내 몫도 분명 있을 테니. 같은 이유로 남아 있는 팀원들이 힘들지 않도록 하나씩 돌아보며 정비해야 한다.

신기한 일이다. 나를 무기력하게 하는 이도, 다시 정신 차리고 힘을 내게 하는 이도 팀원들이다. 생각해 보면 만남과 헤어짐이 무한히 반복되는 인생에서 팀원의 작별 인사에 뭘 그렇게까지 충격을 받았나 싶기도 하다. 팀원이 떠난다는 사실보다 팀원을 떠나게 만든, 그러면서도 절대 떠나지 않을 거라 믿었던 나 자신에 대한 충격이 컸다. 그것은 언젠가 한 번은 깨졌어야 했을, 커다랗고 단단한 나 자신의 '에고'였다.

그 후로도 몇 명의 팀원이 더 떠났고, 몇 명이 새로 팀에 합류했다. 이제는 더 이상 충격받지 않는다. 무력감에, 패배감에 사로잡히지도 않는다. (물론 섭섭하긴 하다.) 그래도 이제는 조금 더 단단한 믿음을 갖게 된 것 같다. 팀원들은 팀원 각자의 길을 끊임없이 찾아 걸어가고, 나 역시 나의 일을 하며 내 길을 걸어가고 있다는 믿음, 그리고 그 속에서 서로의 선택을 진심을 다해 응원하고 있다는 믿음이다. 서로 미안할 일도, 창피할 이유도 없다. 이직이든, 퇴사든 슬픈 작별이기 이전에 각자의 최선일 뿐이니까.

팀장의 일상

# #먹먹하다

참 멋지고 똑똑하고 잘나가던 친척 오빠가 갑작스러운 사고로 세상을 떠났다. 호탕한 웃음과 따뜻한 마음을 지녔던 오빠의 죽음에 몇 달 동안 가슴 한쪽이 계속 아팠다. 그리움에 뒤척이다 오빠의 이름을 검색하면 그가 프레젠테이션 하는 모습을 담은 기사가 계속 상위에 나왔다. 그렇게 잘나가던 오빠였다. 그럼 뭐 하나, 이제 세상에 없는데. 이렇게 허망하게 갑자기 떠났는데. 한동안 무기력에 시달렸다. 열심히 사는 게 다 무슨 소용인가, 회사에서 잘나가면 뭐 하나, 좋은 집에 살면 뭐 하나, 이런 생각들이 끊임없이 맴돌았다. 얼마 전에는 외할머니가 향년 90세에 돌아가셨다. 참 건강하셨고 유쾌하신 분이었는데, 아쉽다. 그립다. 죽음은 항상 인간이라는 약한 존재를 무겁게 누른다.

직접적이든, 간접적이든 죽음을 눈앞에 둘 기회가 생기면 내 삶의 걸음들을 되돌아보게 되는 것 같다. 거창한 성공도, 대단한 성취도 죽음 앞에서는 겸손해진다. "일상이 우리가 가진 인생의 전부"라고 했던 프란츠 카프카의 명언처럼 건강하고, 많이 웃고, 소중한 사람들과 많은 시간을 보내는 일상, 그 일상을 얼마나 잘 영위했는지가 결국 '잘 살고, 잘 죽는' 인생이라는 데 동의한다.

마흔 즈음의 지금 내 일상을 문득 돌아본다. 이렇게 저렇게 아무리 돌아봐도 일상의 8할이 '팀장'이다. 회사에서의 9시간은 물론, 아침에 머리를 감으면서도 오늘 출근해서 할 일이 생각나고, 퇴근하면서는 오늘 하루 동안 잘한 일, 못한 일, 퇴근 직전에 윗사람이 한 얘기, 오후에 팀원이 하소연한 일들이 동동 떠다닌다. 물론 아이들을 만나는 순간 switch-off 할 때가 많지만 노력이 필요하다. 이쯤 되면 8할이 아니라 9할이나 9.5할 정도 되는 듯하다. 이런 걸 두고 일중독이라 부르는 걸까. 이러다가 갑자기 사고라도 당하면 지금의 일상을 후회할까. 그렇다면 나, 잘못 살고 있는 걸까.

팀장이 된다는 건 '팀장 일을 하는 것' 그 이상인 것 같다. 그러니까 정체성의 문제이다. 아이를 낳는 순간 엄마라는 정체성이 생기는 것처럼. 정체성이 바뀐다는 건 삶이 새로운 일상으로 재편된다는 뜻이다. 팀장이 아니었다면 굳이 신경 쓰지 않아도 될 남의 일들이, 팀장이 되고 나면 '우리 팀'의 일 그리고 '내 일'

이 된다. 한 명 한 명의 일을 신경 쓰는 것에 더해 다른 팀의 일도 알아야 한다. 수시로 협력하고, 경쟁하는 것 역시 팀장의 역할이니까. 또 팀장이 아니었으면 들을 일이 없었을 위아래의 목소리들을 끊임없이 듣는다. 듣고 흘릴 수 있는 이야기가 많지 않다. 윗사람의 이야기는 곧 우리 팀의 신호등이고, 팀원들이 내게 하는 이야기는 대부분 내가 결정하고 해결해 줘야 하는 일들이기 때문이다. 그렇게 하루 종일 듣고 말하고 신경 쓰고 고민하는 일상, 팀장의 삶이라는 것이 그러하다. 팀장이 된 이상 깨어 있는 시간의 8할 이상이 팀장일 수밖에 없는 이유이다.

이왕 그렇다면 팀장으로 살아가는 지금, 팀장의 일상을 건강하게 소중한 사람들과 함께 웃으면서 잘 보낸다면, 그런 일상이 동력이 되어 내 인생 전체를 건강하게 끌고 가 준다면 그럭저럭 잘 사는 게 아닐까 싶기도 하다. 우리 팀의 일이 좋고 팀원들과 함께하는 시간이 행복하다면, 우리 일의 과정과 결과가 마음에 든다면, 그 모든 일상이 몸과 마음에 무리가 되지 않는다면 팀장으로 살다가 갑자기 떠난다 해도 크게 억울하지는 않을 것 같다. 물론 완벽하지는 않지만 지금의 팀장 생활도 나쁘지 않다고, 외할머니의 장례식장에 금요일 퇴근길을 뚫고 찾아와 준 팀원들의 얼굴을 보며 생각했다. 이만하면 괜찮다. 나, 잘 살고 있다.

건강과 일을 두고, 혹은 가족과 팀 사람들을 두고 저울질할 생각은 없다. 경중을 따질 수도, 따질 필요도 없으니까. 일상이 삶을 굴리는 바퀴라면, 팀장의 일상은 지금 내 삶을 굴러가게 하는 가장 큰 바퀴일 뿐이다. 아기를 낳아 젖을 먹일 때는 그것이 내 일상의 10할이었고, 학생 시절에는 공부가 가장 큰 바퀴였듯이. 가장 큰 일상의 바퀴가 제대로 굴러가야만 그 힘으로 다른 바퀴들 역시 수월하게 굴러간다. 물론 작은 바퀴들이 제각각 다른 곳을 향하지 않고 함께 질서정연하게 굴러갈 때 큰 바퀴 또한 제대로 굴러갈 수 있다. 내가 할 일은 멋진 성공만을 도모하거나 어느 한쪽을 희생하며 무언가를 성취하는 일이 없도록 내 일상의 크고 작은 바퀴들을 소중하게 그리고 조심스럽게 잘 굴리는 것이다. 어떤 이유에서든 갑자기 바퀴 하나가 멈추더라도 나머지 바퀴들이 내 삶을 천천히 움직이며 갈 수 있도록. 혹시 모든 바퀴가 멈추었을 때에라도 나 자신과 주변 이들에게 충격이 덜하도록, 조금이라도 아쉬움이 덜 남도록 말이다.

## 그래도

# #착잡하다

"팀장님, 진짜 자주 하시는 말 있어요."

"뭔데요?"

"'그렇긴 한데, 그래도'요."

"아, 내가 그래요? 몰랐네."

팀원과 밥을 먹다가 말버릇 얘기가 나왔다. 가끔 나도 모르는 내 속내를 '말'이라는 녀석이 고스란히 드러낼 때가 있다. '그렇긴 한데, 그래도……' 도대체 이 반전 접속사를 습관적으로 써가며 말하고 싶었던 게 뭘까. 그러니까 나는 뭘 그렇게 부정하고, 또 긍정했던 걸까.

팀장이 되고 나서 약 7개월쯤 되었을 때였다.

"기사 봤어? 우리 회사 팔렸대."

"뭐라고?"

회사가 팔릴 거라는 소문이 있다고 점심시간에 들었는데, 저녁에 신문 기사가 났다. 회사의 창업주가 자신이 가진 지분을 매각했고, 사모펀드가 회사의 새로운 주인이 될 것이란 기사였다. 블라인드 앱은 불이 났고, 가족들에게 돌아가며 전화가 왔다. 물론 최대주주가 바뀌었다고 해도 당장은 말단 직원들이 체감할 만큼의 큰 변화는 없었지만, 조직 전체가 계속 뒤숭숭했다. 직원들은 마주치기만 하면 '이제 우리는 어떻게 되는 건지'에 대해 이야기를 나누었다. 인원을 줄인다, 실적이 안 나는 부서는 없어진다, 연봉 동결이다, 조만간 또 다른 데로 팔린다 등등 숱한 말이 오갔다. 좋은 쪽으로 생각하는 사람은 거의 없었다. 시기의 문제일 뿐 결국 모두가 이 회사를 떠나게 될 것이며, 그것이 언제가 될지 모르지만 머지않았다는 불안감에 다들 힘들어했다.

나 역시 예외는 아니었다. 대학 졸업 후 입사한 첫 회사였고, 애정을 가지고 열심히 일했으며, 특별한 이변이 없는 한 이곳에서 직장 생활을 계속 이어가려 했었는데, 난데없이 몰아친 소용돌이에 대책 없이 휘말린 느낌이었다. 마음의 준비도 되지 않은 채 갑작스레 맞닥뜨린 변화가 실감 나지 않았다. 한편으로는 배신감이 들었다. 주인 의식을 가지라고 그렇게 외쳐 놓고, 회사의 주인은 역시 따로 있었구나. 처음부터 그런 것이었다. 회사란 그런 곳이고, 자기 살 길은 스스로 개척해야 하는 것이었다. 내가 좀 더 영민했다면, 어떻게 될지 모르니 미리미리 다른 길을 준비해 두었다면 어땠을까. 최소한 이 험한 꼴은 안 볼 수 있었을 텐데.

하지만 오르락내리락 감정의 파도나 타고 있을 여유가 없었다. 잠시 모르는 척 숨어 마음껏 회사를 욕하고 싶었지만 그럴 수도 없었다. 우리 기업문화팀은 회사의 입장을 직원들에게 알리면서, 동시에 온갖 여론을 듣는 게 본업이라 어쩔 수 없이 폭풍을 정면으로 마주해야 했다. 바로 다음 날 아침부터 회사는 내게 직원들의 분위기가 어떠한지를 물었고, 직원들은 내게 회사가 어떻게 되는지를 물었다. '나도 모른다고요!' 소리치고 싶은 상황에서 눈에 들어온 건, 나만큼이나 중간에서 힘겨워하고 있는 우리 팀원들이었다. 다들 굳은 표정으로 말없이 모니터를 바라보고 있었지만 속으로는 그 누구보다 혼란스러울 터였다. 본인들도 이해되지 않는 상황에 대해 설명하고, 아우성치는 여론을 취합하며, 회사의 입장을 대변하느라 바쁘게 손을 움직이고 있었다. 어느 누구도 정확하게 말해 줄 수 없는 불확실한 상황에서는 부정적인 말의 힘이 세지고, 긍정적인 목소리는 작아지게 마련이다. 하지만 모기 소리로라도 계속해서 회사의 결정이 옳다고, 잘될 거라고 말하지 않으면 안 되는 우리 팀으로서는 말과 생각이 다를수록 괴로운 일이었다. 힘들어하는 팀원들을 보고 있으니 속이 상했다. "잘될 거야."라고 말하는 게 덜 힘들려면, 진짜로 잘될 거라고 믿어야 하는 법. 심리학의 인지부조화 이론이다. 상황을 바꿀 수도 없고, 우리의 업을 바꿀 수도 없다면 생각을 바꾸는 수밖에. 대단한 낙관론까지는 아니더라도 그저 이 불확실한 시기를 잘 버티면서 각자의 소중한 일상을 잘 지켜갈 수만 있다면 충분할 것 같았다. 팀장으로서 같이 잘해 보자고 한 지 반 년 만에 무책임하게 '나도 잘 모르겠다, 각자 알아서 잘해라.' 할 수는 없었다. 최소한 내가 팀장으로 있는 한, 조금은 이 혼란스러운 시국에서 빨리 각자 살아갈 방법, 더 나은 곳으로 갈 실마리를 찾길 바라는 마음이었다.

그때부터였던 것 같다. 회사의 대표도 아닌, 점쟁이도 아닌 일개 팀장이 팀원들에게 해 줄 수 있는 건 오직 말뿐이기에 모든 대화에 '그렇긴 한데, 그래도'를 습관적으로 붙였던 것 같다. 상황이 나쁘긴 한데, 그래도 우리가 할 수 있는 게 있지 않겠냐고. 나도 잘은 모르지만, 그래도 잘될 것 같다고. 변화가 많으니 힘들긴 하겠지만, 그래도 그만큼 배우는 게 많을 거라고. 마지못해 고개를 끄덕이거나 한숨으로 대답을 대신하는 팀원들을 바라보며, 나는 더욱 강한 의지를 가지고 긍정적인 단어를 찾아 헤맸

다. 상처받은 영혼에게 '그 상처를 당장 딛고 일어서!'라는 말은 가혹하지만, 그렇다고 계속 상처를 후벼파며 앉아 있으라고 할 수는 없었다. 그저 알아서 회복하게끔 내버려둘 수도 있겠지만, 그러기에는 사명감이 너무 넘쳤다. 우리는 기업문화팀이니까, 나는 팀장이니까 괜찮아야 해. 빨리 괜찮아져야 해. 나도, 팀원들도 빨리 정신 차려야 해.

의도적으로 반복했던 말이 어느새 의식하지 못할 정도의 습관이 되어버렸다. 말버릇으로 느껴질 만큼 식상해졌다는 뜻이기도 하다. 이제는 팀원들에게 강제로 주입하려 해도 또 시작이라며 코웃음 칠지도 모르겠다. '그래도' 이 말은 처음부터 나를 위한 말이었다. 직장인에게 직장이 흔들리는 건 진도 5.0 지진 만큼의 대혼돈이지만, 그 가운데 하루빨리 정신 차리고 내가 가야 할 길을 똑바로 쳐다보려면 강력한 에너지가 필요하다. '그렇긴 한데, 그래도'라고 되뇌는 주문은 긍정적인 에너지를 강제 주입하는 나만의 방식이었다.

언젠가 글쓰기 강연에서 김승희 시인의 『그래도라는 섬이 있다』[3]를 들은 적이 있다. 우리가 늘상 무심히 뱉으며 사는 말 '그

3 김승희, 『그래도라는 섬이 있다』, 마음산책(2007)

래도'를 소재로, 삶을 포기할 수 없어 애절한 마음과 마지막 희망 하나라도 붙잡고 살아가는 이들의 간절함을 노래한 시였다. 삶과 죽음을 오가는 이들의 애환을 바라본 시인의 시선에 비할 수 있겠냐마는, 팀장으로서 '그래도'를 입에 달고 사는 내 심정 또한 사뭇 절절하다. 포기할 수 없어 애절하고, 간절한 마음이다. 회사가 팔렸어도, 삽질에 삽질을 거듭해도, 도무지 뭘 어떻게 해야 할지 모르겠어도, 그래도 우리가 지금 애쓰고 노력하는 이것들이 결코 헛되지는 않았으면 좋겠다는 마음. 그것만은 진심이다. 나를 위해서도, 팀원들을 위해서도 '그래도'는 필요하다. 그러니 조금 식상하고 진부해도, 그래도, 이 습관은 당분간 유지하는 걸로.

## SUMMARY

MKYU 김미경 학장님의 유튜브 강연을 즐겨 듣는 편이다. 배움이 가득한 콘텐츠도 좋지만 그녀의 찰진 입담이 순수하게 재밌어서 듣는 경우가 많은데, 깔깔대고 웃다 보면 솔직히 내용보다 웃긴 말들이 더 기억에 남는 부작용이 생긴다.

"사람들은 참, 창의적으로 좌절해요."

무슨 강연이었는지는 역시 기억이 안 난다. 저마다의 취약성에 따라 별것도 아닌 일에 무너지고 속상해하는 사람들에 대한 김미경 님의 안타까움이 섞인 표현이었던 것 같다. 그 어떤 때보다 자주, 다양한 이유로, 여러 종류의 좌절을 경험했던 팀장 1년 차의 사계절을 돌아보며 문득 그 말이 떠올랐다. 하루에도 열두 번씩, 창의적으로 좌절했던 시간.

디테일하면서도 마이크로 매니징을 해서는 안 되고, 나대지 않으면서도 존재감을 드러내야 하는 게 팀장이었다. 머리로는 알겠는데, 두 마리 토끼를 잡기는커녕 회사 안에서 팀장으로서의 내 정체성을 다시금 정립하는 것조차 쉽지 않았다. 아무리 팀장 노릇을 잘해 보려고 해도 뿌리 깊게 박혀 있는 주니어 시절의 이미지, 어린 팀장이라는 또는 여자 팀장이라는 꼬리표가 나를 따라다니는 것 같았다. 이 꼬리표를 어떻게 잘라 내야 할지, 어디서부터 다시 시작해야 할지 갈피를 잡을 수가 없었다. 우왕좌왕하는 사이에도 끊임없이 좌절을 경험했다. 내가 거뜬히 할 수 있을 것 같던 일이 마음대로 풀리지 않았고, 나름대로 잘하려고 했던 일에서 예상치 못한 오해를 사기도 했다.

결국, 사람의 문제였다. 팀원들에게는 좋은 팀장이 되고 싶었고, 상사에게는 믿음직한 팀장이 되고 싶었다. 다른 팀장들과도 좋은 관계를 유지하고 싶었다. 하지만 모두를 만족시키는 건 불가능한 일이었다. 팀원들의 일을 줄여 줘야 좋은 팀장인 건지, 일을 벌여서 성과를 내야 좋은 팀장인 건지도 모르겠고, 윗사람에게는 무조건 YES를 해야 하는 건지, 할 말은 해야 하는 건지도 알 수 없었다. 다른 팀과 잘 지내려면 경계 없이 치고 들어오는 일을 기꺼이 떠안아야 하는 건지, 과연 다른 팀과 좋은 관계를 유지하는 게 맞는 건지마저 헷갈렸다. 그 가운데 깨달은 건 어차피 영원히 맞출 수 없는 다른 이들의 입맛을 살피느라 애쓰는 대신 나 자신이 되고 싶은 팀장, 내가 만들고 싶은 팀을 만드는 데에 집중해야 한다는 것이었다. 그걸 알게 해 준 두 권의 책을 소개한다.

## 팀장들에게 추천합니다!

### 기시미 이치로 & 고가 후미타케, 『미움받을 용기』

개인적으로 제목을 참 잘 지은 책이라고 생각하는데, 제목보다는 훨씬 복잡하고 심오한 내용이 담겨 있다. 저자는 아들러 심리학을 기반으로 '나답게 살아가는 용기'에 대해 설명한다. 아들러 심리학의 여러 가지 개념들(원인론이 아닌 목적론적 심리학, 자기 수용과 타자 공헌을 반복하는 인생의 과제들, 거창한 미래가 아닌 지금, 여기를 사는 것 등)을 다루고 있지만, 팀장이 된 내게 가장 필요했던 개념은 '인정 욕구'에 관한 것이었다. 다른 사람에게 인정받는다는 것은 분명 중요한 동력이지만, 그것만을 좇으며 살아가는 것은 자유롭지 못한 삶이다. 팀장은 위아래의 인정을 먹고 살아가는 존재이기에, 어쩌면 팀장이 되는 순간부터 불행이 시작된다. 모든 사람을 만족시키는 것은 처음부터 불가능할뿐더러, 맞추려고 하면 할수록 내 진짜 모습을 잃어버리기 때문이다. 팀장이기 이전에 '나'라는 한 사람으로서 스스로를 잘 돌보고 인생의 방향과 가치관을 또렷이 해 두지 않으면, 갑작스럽게 여러 이해관계의 거미줄 속에 묶여 옴짝달싹 못하게 될지도 모른다. 꼭 미움을 받으려 할 필요는 없지만, 적어도 모든 이에게 사랑을 받으려는 욕심은 버려두고 시작하길. 물론 용기가 필요하다.

**마셜 골드스미스 & 샐리 헬게슨,**

**『내_일을 쓰는 여자』**

이 책은 현재 위치에 오르기까지 당신이 해왔던 행동들이 더 높은 자리로 올라가는 데에 걸림돌이 될 수 있다는 전제로 시작한다. 특히 전 세계적으로 여성들에게 흔히 강점으로 여겨져 왔던 태도

들이 높은 지위에 오르는 데에 어떻게 방해가 되는지, 새롭게 직책을 맡은 여성 리더들이 어떻게 생각과 행동을 변화시켜야 하는지를 매우 상세하게 가르쳐 준다.

이 책의 교훈은 어쩌면 '미움받을 용기'이다. 모두를 만족시키려 하지 말고 '지금, 여기'에 집중하는 것, 매 순간에 집중하고 찾아온 기회에 집중하며 세상에서 자신이 이루고자 하는 원대한 목표에 집중하는 것이다. 그렇게 어제보다 더 나은 리더로 성장하는 것이다.

수많은 여성들이 '야망은 나쁜 것(혹은 쑥스러운 것)이라고 여기고, 단지 남들에게 좋은 사람이 되기 위해 상당히 노력하며, 다른 여성의 롤 모델이 되어야 한다는 강박에 시달린다는 사실'에 대해 조금이라도 공감한다면, 그러한 자기 자신 혹은 여성 상사나 동료나 후배로 인해 고민이라면 이 책을 꼭 읽어보길 권한다.

리더니까 감정을 잘 컨트롤해야 한다는 건
남들보다 좀 더 섬세하게, 좀 더 주의를 기울여서
감정을 다뤄야 한다는 걸로 받아들이기로 했다.
화가 난다고 버럭버럭 소리를 지르고 '웃었다, 울었다'를 반복하는
격한 감정의 통제를 말하는 것이 아니다. 짧은 한숨,
순간적으로 굳은 표정, 지친 목소리에서 배어 나오는 아우라에
팀원들은 영향을 받는다는 것이다.

# 4
# 만족감

**느끼는 주요 감정들**

#기쁨 #즐거움 #애틋함 #흐뭇함 #행복 #만족감
#뿌듯함 #편안함

**Q 팀장 생활, 괜찮아?**

**A 그럭저럭 할 만하다.**

## 슈퍼우먼

# #홀가분하다

팀장으로 보임했을 때, 여러 가지 타이틀이 붙었었다. 우리 지원 본부에서는 최초이자 유일한 여자 팀장이었고, 나이도 팀장들 중에 제일 어렸으며, 아이가 둘 있는 팀장은 당시에 희귀했기 때문이다. 타이틀이 붙자 잘해야 한다는 부담과 함께 열정이 불타올랐다. '내가 나가떨어지지 않고 잘해야 여자 후배들이 힘을 내서 따라오겠지.' 하는 다부진 결심이 섰다. 특히 여성 비율이 높은 우리 팀에게만큼은 반드시 롤 모델이 되고 싶었다. 일도 잘하고 육아도 잘 하는, 그러면서 자기 관리도 잘 하고, 관계도 좋은 멋진 여성 리더의 모습을 보여 주고 싶었다.

하지만 현실은 녹록지 않았다. 엊그제까지는 내 일만 하면 되었는데 팀장이 되고 나니 회의란 회의는 다 참석해야 하고, 정작 팀원들에게 시켜야 하는 실무는 내가 다 끌어안고 낑낑대고 있었다. 맨날 팀원들은 다 보내고 혼자 남아 일을 했고, 자연히 아이들은 12시간씩 어린이집에서 엄마를 기다렸다. 나보다 더 바쁜 업에 종사하는 남편은 주말 근무와 야근으로 얼굴을 보기도 힘들었기에 모든 걸 혼자 감당해야 했다. 매일 열심히 사는데도 늘 힘에 부쳤다. 체력도 딸리고, 일은 줄어들지를 않았다. 집에서도 두 아이랑 씨름하며 녹초가 되어 잠들고, 다음 날에는 허둥지둥 출근하기 바빴다. 팀장이 되었으니 리더십도 길러야 하고, 팀의 방향도 고민해야 하고, 네트워크도 쌓아야 하는데, 뭘 하는지 하루 종일 정신이 하나도 없고 늘 시간에 쫓겼다. 회의가 끝나고 자리에 오면 늘 한숨이 나왔고, 얼굴은 피곤에 찌들었으며, 하루가 멀다 하고 병이 났다.

처음이니까 그러려니 했다. 하지만 팀장 역할에 익숙해질수록 잘해야 한다는 기준은 함께 높아졌고, 늘 아슬아슬 위태로운 상태로 일과 육아와 건강을 놓고 줄타기를 했다. 날마다 제일 늦게 아이들을 데리러 가는 나를 보며, 다른 부서의 한 여자 선배가 힘들어서 어떡하냐며 걱정의 말을 건넸다. 나는 애써 웃으며 대답했다.

"이 한 몸 불살라서 어떻게든 할 수 있다는 걸 보여 줘야죠."

역사가 꽤 깊은 회사인데도 내가 지원 부서에서 최초의 여자 팀장이자 어린아이가 둘이 있는 몇 안 되는 엄마 팀장이라는 건,

이 회사가 아직 갈 길이 멀다는 뜻이기도 했다. 제도적으로 부족한 것도 있지만, 도전할 엄두조차 못 내는 일의 강도와 조직 분위기라는 이야기이다. 내가 무슨 잔 다르크도 아니고, 굳이 이 회사의 여성 리더십을 위해 몸 바칠 이유는 없지만, 후배들이 따라올 수 있게 길을 터야겠다는 작은 사명감만큼은 진심이었다.

"아니, 불사르면 안 돼요. 그럼 아무도 팀장님처럼 못 해요."

선배의 단호한 한 마디가 힘겹게 타오르고 있던 장작에 물을 쫙 끼얹었다. 너무도 맞는 말이었다. 길이란 자고로 따라갈 수 있어야 한다. 다 찢기고 몸 버리면서 힘겹게 헤쳐 간 길은 뒷사람이 도무지 쫓아가기가 힘들 것이다. 그건 길을 닦는 게 아니라 이 악물고 버티는 혼자만의 싸움이다. 동기부여를 하기는커녕 '어우, 난 저렇게는 못해.'라며 일찌감치 포기하게 만들지도 모른다. 분명히 후배들한테 귀감이 되고 자극을 주는 좋은 롤 모델이 되고 싶은 마음이었지만 방법이 잘못되었다. 불사르면 재만 남는다. 혼자 뜨겁게 불타오르다 재가 되어버린 가엾은 여자 선배를 누가 따라나서고 싶겠는가.

뭔가 잘못되었다는 건 알고 있었지만, 목표가 잘못되었다는 생각은 하지 못했었다. 불사르는 게 목표였으니 힘들고 아플 수밖에. 왜 꼭 그래야만 한다고 생각했을까. 불합리한 제도와 어려운 분위기 속에서 내가 어떻게든 버티면, 그러다 내가 불타 없어지면 과연 회사가 바뀔까? 저 사람은 했는데 왜 당신은 못하냐는, 야속한 모델링이 되는 건 아닐까? 그건 내가 바라는 게 아닌데. 나는 후배들에게 할 수 있다는 걸 보여 주고, 할 수 있게 길을 터 주고 싶었던 건데. 그러려면 내가 불타버리면 안 되겠구나. 잘 살아남아서, 오히려 더 즐겁게 이 생활을 해야겠구나. 그러니까 어떻게든 악착같이 버틸 방법을 찾는 대신, 내가 행복할 수 있는 방법을 찾아야겠구나.

잘하라고 압박한 사람도, 나보고 길을 개척하라고 한 사람도 없는데 혼자서 오버하다가 탈이 났다. '힘들겠다.'는 위로도, '대단하다.' '멋지다.'는 격려도 좋지만 때로는 조금 냉정하고 이성적인 충고가 필요할 때가 있다. 특히 열정의 온도가 과해져서 문제가 생겼을 때, 누가 봐도 지금 위태로운 상태일 때 온도를 맞춰 줄 차가운 이성이 필요하다. 힘겹게 타고 있던 불씨는 선배의 말 한 마디에 허무하게도 꺼져버렸지만 오히려 개운했다. 정답은 새로운 길을 개척하는 것이 아닌 '정도를 찾는 것'이었다. 회사일도, 아이들도, 나 자신의 건강한 몸과 마음도 적당히 유지하는 것을 처음부터 목표로 한다면 조금은 달라질 수 있을 것 같다. 단순히 일을 덜 하거나 아이들을 포기하는 게 아니라, 내 커리어와 아이들의 생애주기에 맞는 최적의 일을 찾아 어떻게든 그 안에서 최선을 다하는 방법이다. 거기에 내 몸과 마음 그리고 아이들의 상태를 섬세하게 돌아볼 수 있는 약간의 여유이면 충분할 것 같다. 일상을 정상적으로 영위하고, 또 그런 삶이 가능하게끔 회사 차원의 제도와 문화를 세팅해가는 것이 나를 비롯하여 우리 워킹맘 동지들이 함께 해야 할 일인 것이니까.

이제부터는 불사르지 않기로 한다. 매일매일 하루에 감당할 수 있는 만큼의 일과 육아, 자기 관리에 최선을 다할 것이다. 물론 그조차도 버거운 날은 다 내려놓고 쉴 것이다. 필요하면 가족에게, 주변 이들에게 SOS를 할 것이다. 그러면서도 행복하고 편안해야 한다. 그래야만 오랫동안 타 죽지 않고 살아남아 잔잔한 빛을 밝힐 수 있을 테니까. 불사르면 안 된다고 해서, 열정의 불씨를 꺼트릴 필요는 없다. 다만 최고가 아닌 최선에 집중하며, 오늘 하루의 만족과 행복을 위해 살아가면 된다. 나만의 속도를 찾아가는 과정이 결국 중요하다는 생각이 든다. 팀장이든 아니든, 여자든 남자든, 아이가 몇이든.

## 팀원의 경조사

# #애틋하다

우리 팀에 새로 들어온 팀원 K가 조모상을 당했다. 연세가 워낙 많으셨고 특별한 병환은 없으셨다고 했다. 예의 바른 신입 사원 K는 조모상이니 그냥 조용히 치르고 오겠다며 신경 쓰지 말라고 한다. 그래도 명색이 팀장인데 모른 척하면 안 될 것 같아 다음 날 점심시간에 혼자서 장례식장으로 향했다. 가는 길에 머리가 복잡했다. 떠나신 분에 대한 마음보다도 팀장이 되고 나서 처음 뵙는 팀원의 부모님 때문이다. 뭐라고 나를 소개할까. K의 팀장입니다. 이름을 말해야 하나? 혹시라도 마주 앉게 되면 무슨 얘기를 하지. 이 친구가 얼마나 성실한지를 얘기할까, 아니면 팀장인 내가 어떤 사람인지를 얘기할까. 장례식장에서 그런 얘기를 해도 되나, 모르겠다. 그냥 인사만 하고 바로 나와야겠다. 도착해서 조의를 하는데 K가 나오더니 화들짝 놀란다. 바쁜데 왜 오셨냐고, 오실 줄 몰랐다며 몸 둘 바를 모른다. 안으로 들어서 돌아가신 분께 인사를 올리고 부모님을 마주했다. 인상이 참 좋으시다. 참, 여동생도 있었다고 했지. 가족들이 전부 닮았다.

"처음 뵙겠습니다. K의 팀장입니다."

"와 주셔서 감사합니다." 감사하다며 거듭 머리를 숙이시는 부모님에게 '당연히 와야지요. 상심이 크시지요.' 같은 말들과 'K가 정말 훌륭한 친구이다, 회사에서 아주 잘하고 있다.'는 등의 얘기들을 속사포처럼 쏟아 냈다. 식사하고 가라는 말에 극구 손사래를 치며 장례식장을 나섰다. 일과 중이었기도 했지만, 거기 앉아 있으면 부모님이 계속 나를 신경 쓰실 것 같았다. 준비한 말들이 바닥나기도 했고.

사무실로 돌아오는 길, 몇 번이나 내게 머리를 숙이며 인사하시던 K의 부모님 모습이 자꾸만 떠올랐다. 내가 뭐라고, 까마득하게 어린 일개 회사원일 뿐인데. 부모님 입장에서는 아이의 학교 선생님을 만났을 때의 느낌과 비슷하려나. 하지만 난, 선생님도 아니잖아. 자식이 직장을 들어갔을 때 부모의 마음은 어떨까. 혹시라도 내 자식이 실수해서 상사에게 밉보이지는 않을지 걱정되고, 회사가 일을 너무 많이 시켜서 고생하면 어쩌나 싶고, 이왕이면 인품 좋고 배울 게 많은 사람이 주변에 많으면 좋겠다는 생각을 하지 않을까. 부모 마음은 다 똑같을 것 같다. K의 부모님도 아들이 처음 갓 입사한 회사에서 누군가 조문을 왔다는 사실만으로도 감격스럽지 않았을까 싶다. 더구나 팀장이 왔다고 하니, 우리 애가 회사에서 그래도 잘하고 있나 보다, 미움받지는 않나 보다, 안심하고 고마웠을 수도 있겠다. 한편으로는 어떤 사람일지 너무 궁금했을 것도 같다. 너무 고생시키지 말아 달라고, 잘 봐 달라고 간절한 부탁도 하고 싶지 않았을까.

내게 인사를 하는 K의 부모님 모습에서 우리 엄마, 아빠의 얼굴이 보였다. 나도 신입 사원 때 할아버지가 돌아가셨고, 그때 장례식장에 찾아왔던 몇 명 안 되는 회사 선배들에게 우리 부모님은 일일이 악수를 하며 고맙다고 인사를 했었다. 몇 년 후 내 결혼식 때는 직접 찾아와 준 본부장과 몇 마디 대화도 나누었다고, 아빠는 지금도 그 얘기를 종종 꺼내신다. 우리 부모님도 그런 마음이었겠다. 안도와 고마움, 간절함. 그런 마음을 담아 한 명 한 명에게 정성껏 머리를 숙이며 인사를 했겠구나 싶어 괜스레 애잔함이 밀려왔다.

부모님의 딸로 살다가 부모가 되고, 그냥 회사 사람으로 살다가 팀장이 되었다. 여전히 나는 딸이고 회사 사람이지만, 역할이 바뀔 때마다 관계가 새롭게 정립되고 마음가짐이 달라진다. 팀원과 팀원의 부모님을 한자리에서 만나고 나니 내 부모님과

나, 나와 팀원의 관계까지도 새삼스럽다. 부모님이 나의 회사 생활에 기대하듯 그저 회사에서 안전하고 즐겁게 일하고, 좋은 사람 만나고, 잘해서 인정도 받길 바라는 그 마음으로 우리 팀원들의 부모님도 각자의 귀한 딸, 귀한 아들들을 회사에 보냈다는 생각에 괜히 어깨가 무겁다. 나는 그들의 회사 생활에서 가장 많은 시간을 부대끼며 영향을 미치는 사람임을 부인할 수는 없으니까. 그렇다고 팀장이 뭐 그리 대단한 존재는 아니기에 나는 그들의 직장 생활을 책임질 수도, 그럴 필요도 없다. 고생시키지 않는다고 일을 안 시킬 수도 없고, 잘못을 했을 때 그냥 넘어갈 수도 없다. 하지만 그래도 남의 집 귀한 자식이라는 걸 기억하고 사람 대 사람으로 팀원들을 존중하는 것만이라도, 그 당연한 걸 굳이 거듭거듭 다짐한다.

## 밥 사기

# #뿌듯하다

팀장이 되면 뭐가 좋아요? 이 질문을 듣고 딱히 대답할 말이 바로 떠오르지 않을 때 상당히 서글프다. 회사마다 처우가 다르겠지만, 우리 회사는 팀장이라고 해서 엄청나게 월급이 오르거나 갑자기 많은 예산이 주어지지는 않는다. 우스갯소리로 팀장이 되면 좋은 건, 회사 빌딩에 무료 주차하는 것뿐이라는 말도 있다. 서울 시내에서 그게 어디냐마는.

지극히 개인적으로 팀 예산이 생겨 팀원들과 밥을 먹을 때 내가 계산할 수 있게 된 점이 너무 좋다. 내가 계산한다는 건 어떤 메뉴(정확히는 얼마짜리 메뉴)를 먹을지 상한선을 내가 정할 수 있다는 뜻이다. 회사 카드로 비싼 밥을 사면서 마치 내 돈으로 산 것 같은 뿌듯함을 느끼는 것도 기분 좋은 일이다. 딱히 배고프게 자란 것도 아닌데, 왠지 팀원들과 다 같이 밥을 먹을 때는 항상 지나치게 통이 커지는 편이다. 뭔가 부족하게 먹으면 괜히 찜

찜하다. 아예 안 먹으면 몰라도, 돈을 쓰고도 찜찜한 것만큼은 딱 질색이다. 푸짐하게 시켜서 배 찢어지게 먹고 기분 좋게 나와야 하니, 팀 회식을 몇 번 하지도 않는데 항상 예산이 초과하지만 맨날 '더 먹어, 더 시켜.' 말하는 게 습관이 됐다. 법카(법인 카드)로 안 되면 개카(개인 카드)를 쓰면 되니까. 그 정도는 버니까요.

언제부터 밥값에 있어서 이런 하해와 같은 통이 생겼는가 하니, 이것 역시 경험치로부터 비롯되었다. 천 원, 이천 원 꼬깃꼬깃한 현금을 빌려가 안 갚는 팀장도 있었고(지금도 그 돈을 어디에 썼는지 모른다!), 식당에서 정중히 인사까지 했는데도 7천 원짜리 백반 하나 계산해 주지 않던 임원도 있었다. 팀을 운영하라고 팀장에게 허용한 예산인데 주말에 혼자 마트에 가서 다 써버린 팀장도 있었고, 법인 카드로 온갖 희한한 장소에서 긁고 돌아다닌 게 들통나 망신을 당한 팀장도 있었다. 물론 좋은 경험도 있다. 맛있는 식당을 알게 되면 꼭 팀원들을 데리고 갔던 S 팀장, 명절이면 꼭 전체 직원들에게 와인 한 병씩을 돌렸던 L 임원, 지나가다 마주쳐 '밥 한번 먹자.'라고 한 뒤에는 그날 꼭 먼저 연락해 약속을 잡았던 N 부서장. 공통적으로 배려심이 깊고, 섬세한 분들이었다. 좋은 기억을 내리사랑할 수 있게 해 준 것이 팀장 예산이니, 아낌없이 베풀어야지. 솔직히 경제관념이 좀 헤픈 편이라 한두 번 푸지게 먹고 나면 예산이 늘 빠듯하다. 혼자 마트 가서 쓸 돈은 없다는 얘기니, 다행이라고 해야 하나.

지금도 가끔 공동 경비를 혼자 쓰는 팀장을 욕하는 글이 올라올 때면 여러 가지 생각이 든다. 저 사람은 왜 저렇게 인색하게 굴어서 욕을 먹을까, 평소에 팀원들과 사이가 안 좋았던 건 아닐까, 진짜 혼자 쓴 게 맞을까. 나름대로 이유가 있지는 않았을까, 실수로 그런 건 아닐까 등등. 하지만 남의 일이라고 방심해서는 안 된다. 만약 사실이 아니라면 어떤 이유로든 팀장은 오해를 받을 수 있는 위치이니 주의해야 하고, 실수라면 나도 언제든지 실수할 수 있으니 조심해야 한다는 얘기이니까. 좌우지간 고민하기 싫으면 답은 간단하다. 팀 회식 한 번 할 때, 맛있는 데 가서 배 찢어지게 시키면 된다.

팀원 코칭

# #겸연쩍다

팀장이 되기 1년 전쯤, 코치 자격증을 땄다. 더 나은 목적지를 향한 동기와 의지에 집중하고 실행 계획(Action plan)을 세우는, 미래 지향적인 대화를 이끌어 가는 코치의 역할이 매력적이었기 때문이다. 팀장이 되어 팀을 이끌어야 한다고 했을 때, 다른 건 몰라도 그거 하나는 자신 있었다. 대화, 코칭 대화. 내 이야기를 하는 대신 팀원의 이슈에 집중하고, 질책과 지적이 아닌 팀원의 성장을 도모하는 코치 역할만큼은 잘할 수 있겠다 싶었다. 나는 코치이니까. 자격증 있는 사람이니까.

코칭 대화를 하려고 호기롭게 팀원들과 1:1 미팅을 약속했다. 첫 번째 팀원과 마주앉은 순간 코치의 자신감은 다 어디로 갔는지, 팀장이 무슨 말을 하려나 쳐다보고 있는 팀원의 눈을 보니 말문이 막히고 말았다. 코칭 실습할 때 '자, 오늘 어떤 이야기를 해 볼까요?'라고 수도 없이 물었던 그 질문조차 입 안에서 뱅뱅

돌았다. 한참 일하다 말고 마주앉아 '무슨 이야기를 할까요.'라니. 그렇다고 대뜸 넌 뭘 잘하니, 뭐가 고민이니 묻는 것도 이상했다. '지난 한 달간 어땠어요?' 그 간단한 질문마저 도무지 입 밖으로 나오질 않았다. 질문도, 경청도, 코칭 대화의 모든 요소가 전부 교과서에 적힌 '철수야, 반가워.'처럼 어색하기 짝이 없었다. 말문을 내가 열어야 한다는 압박감과 입을 닫고 들어야 한다는 강박이 내 안에서 싸웠다. 결국 어색한 공기 속에서 시답잖은 수다만 떨거나, 나 혼자 실컷 떠들고 돌아오곤 했다. 그건 코칭이 아니었다.

몇 번의 실패 후, 팀장들이 코칭을 하는 게 죽을 만큼 어려운 이유를 진지하게 고민해 봤다. 일단 코칭과 평가라는 역할 갈등이 괴롭다. 팀원을 코칭하고 육성하는 것에 초점을 두고 대화를 하다 보면, 한없이 긍정적이고 미래 지향적인 이야기가 오간다. 장점이 무엇이고, 잘해 보고 싶은 것이 무엇이고, 무엇을 노력할 것인지 등등 그런 이야기를 실컷 하다가 갑자기 상대평가의 결과로 C를 준다면, 아니 B 정도라도 서운할 것이다. 그렇게 잘해 보자고, 잘할 거라고 해 놓고 평가는 'B(미흡)'이라니. 너무하잖아. 평가자와 코치 둘 중 하나를 포기해야 하는 건지, 아니면 처음부터 솔직하게 나는 어쩔 수 없이 상대평가를 할 수밖에 없지만 그 전까지는 최선을 다해 코칭을 하겠다고 해야 하는 건지. 만약 그렇다면 그 친구의 성과가 미미해 C를 받는 것이 당사자의 잘못일까, 코치의 잘못일까?

또 하나의 숙제는 팀장인 나를 내려놓는 것이다. 팀원과의 대화에서 나를 내려놓는다는 것은 팀원보다 내가 더 많이 생각하고 더 잘 안다는 생각을 내려놓는 것, 그리고 내가 도움을 주는 입장이고 지시와 조언을 하는 입장이라는 사실을 부정하는 것이다. 그것은 팀장으로서도 어려운 일이지만, 동시에 팀원의 입장에서도 의아스러운 일이다. 팀장이 가이드를 주고, 조언을 주고, 애로 사항을 해결해 주는 것이 당연지사라고 여길 테니. 피차에게 이것은 본능을 거스르는 불편한 일이다. 이러니 팀장들이 코칭을 포기하는 게 당연하다. 코칭 대화의 스킬을 익힐 기회도 별로 없고 내가 아는 지식을 전달하는 대신 그의 잠재력을 끌어낸다는 것 자체가 본능을 거스르는 행위인 데다가, 평가자로서의 역할과 지시하고 가이드하는 역할과도 부딪히니 말이다.

『팀장으로 산다는 건 1, 2』[4]의 저자 김진영 님은 팀장보고 코칭을 하라는 것 자체가 무리한 요구라고 했다. 시간도 없고 너무

4 김진영, 『팀장으로 산다는 건 1, 2』, 플랜비디자인(2022)

바쁜 팀장이 어떻게 한 명 한 명을 일일이 코칭 하겠냐고, 현실적으로 불가능하다고. 지극히 공감한다. 업무적인 지시와 피드백 외에, 팀원 하나하나의 개별적인 이슈(그것이 일이든 삶이든 그 무엇이든)에 집중하는 시간을 한 달에 30분도 내기 어렵다는 건 참 슬프지만 현실이다. 그렇기 때문에 오히려 한 번 큰맘 먹고 시작한 1:1 미팅을 중단할 수가 없었다. 한 번 깨진 리추얼(Ritual: 의례)은 다시 회복하기가 어려울뿐더러 코칭이 어려운, 아니 코칭을 할 수 없는 이유는 이미 너무나도 충분하기 때문이다.

어떻게든 꾸역꾸역 이어가는 이상, 이왕이면 코치의 기지를 잘 발휘해 보기로 한다. 일단 코치로서의 마음가짐을 다잡는 것이 먼저이다. 코치인 내가 팀장인 내게 조언을 건넨다면 이런 말을 해 주고 싶다. '팀원들도 다 어른이다. 이들은 모두 자신의 조직에서 잘해 보고 싶고, 더 성장하고 싶고, 좋은 영향력을 미치고 싶어 한다. 그리고 마음만 먹으면 얼마든지 더 잘할 수 있는 잠재력을 가지고 있다. 그럼에도 불구하고 상대평가라는 어쩔 수 없는 제도의 한계로 자신이 C를 받게 될 수도 있다는 것도 이미 알고 있다. 그것조차 조직 생활을 하는 직장인으로서 감내할 수 있는 어른이다.' 그러니까 팀장은 이 제도 안에서 할 수 있는 최선을 다하면 되는 게 아닐까 싶다. 회사가 요구하는 수준, 팀장이 요구하는 수준을 명확하게 알려 주고 부족한 부분을 스스로 깨닫고 더 나아지고 싶어 할 때 도움을 주는 역할이 팀장이 할 수 있는 코칭의 영역이다. 그러니까 평가의 과정과 결과에 대해서조차도 직원들을 존중하는 차원에서 스스로 이해하고 받아들일 수 있도록 소통하는 것이 코칭이다. 팀장이 코치 역할을 한다는 것은 직접 뛰거나 로봇을 조종하는 게 아니라, 각자 개인기를 가진 플레이어들이 필드에서 잘 뛸 수 있도록 독려하는 것이다. 모두를 A로 만들려는 압박도, 나를 내려놓느라 도를 닦을 필요도 없다. 자꾸만 코칭 스킬을 발휘하려고 하지 말고 코치의 마음을 갖는 것, 그 마음으로 팀원들을 대하는 것, 그것이면 되지 않을까.

팀원들과 1:1로 만나 이야기를 하다 보면 '이 친구가 이런 면이 있었나?' 싶어 항상 놀란다. 전혀 생각지 못했던 고충을 털어놓아 당황스러울 때도 있고, 생각지도 못했는데 자기 계발에 힘쓰고 있어 깜짝 놀랄 때도 있다. 스스로 자신이 부족한 업무 역량을 발전시키려고 부단히 애쓰고 있었다는 걸 알게 될 때면 고마운 마음도 든다. 그럴 때는 코치로서 팀원들을 믿어 주고 지지하는 대신, 팀원을 코칭 하는 것에만 몰두했던 내가 부끄럽다. 어깨에 힘을 잔뜩 주고 '지금부터 코칭을 하겠어요.' 하는 순간,

모든 관계와 맥락이 순식간에 어색해진다는 걸 이제는 안다. 그러니까 코치이면서 팀장인 사람으로 잘 살아가기 위해서는, 그냥 그것이 한 몸이 되어 자연스럽게 배어 나와야 하는 것이다. 그것이 마치 본능인 것처럼. 내 이야기를 하기 전에 팀원의 이야기를 듣는 것, 지시와 지적 대신 팀원의 생각을 궁금해하는 것, 내 생각과 의견이 자꾸 올라올 때마다 팀원이 나보다 더 나은 생각을 할 수 있다고 믿는 것이다. 아직 잘 되지는 않지만, 자격증의 쓸모가 그런 거 아니겠나. 자격을 갖춘 사람으로서 매일 조금씩 성숙해지는 것 말이다.

리추얼

# #흐뭇하다

인간적으로 좋은 팀장보다 성과를 내는 팀장이 되어야 한다고 백 번도 넘게 들은 것 같다. 이쪽과 저쪽을 꼭 양분할 필요가 있겠냐마는 아무리 인간성이 좋더라도 일을 못해서, 성과를 못 내서 팀이 인정받지 못하고 헤매고 있다면 '좋은 팀장'이 아니라는 데에는 동의한다. 일이 되게끔 해 주는 팀장, 일을 잘할 수 있게 해 주는 팀장이 좋은 팀장이라는 건 수많은 리더십 책에서도 배운 바이다. 둘 중 하나를 택하라면 성과를 택해야 한다는 뜻이다. 하지만 결국 사람이 하는 일이 아닌가. 팀원들을 움직여서 일을 하고, 함께 성과를 내고, 심지어 팀과 개인이 모두 지속 가능한 성장을 하려면 결국은 인간적인 교감을 빼놓을 수 없다. 각자 열심히 일하고 다들 성과가 좋은데 어떻게든 빨리 퇴근하고 싶고, 기회만 있으면 퇴사하고 싶은 팀이라면 오랫동안 좋은 팀으로 존속하기 어려울 테니까. 그러니까 좋은 팀이란 어느 한

쪽만의 요인이 아니다. 복잡하게 얽혀 있는 가운데 결국 우리는 '성과도 훌륭하고 분위기도 좋은 팀'을 원한다.

분위기 좋은 팀을 만들기 위해 예전 팀장들이 흔히 썼던 방법은 회식이었다. 요즘은? 술 한잔하면 다 해결되던 시대는 지난 것 같으면서도, 요즘 친구들은 회식을 싫어한다고 단정짓자니 "왜 우리는 회식을 안 하나요?"라고 신입 사원이 묻기도 한다. 사무실에서의 공기가 어떻든 고깃집에서만큼은 서로 화기애애하니 속을 알 수가 없는 것도 사실이다. 개인적으로는 팀의 분위기가 회식으로 결정되는 건 아니라는 생각이다. 분위기가 좋으면 회식도 즐겁고, 분위기가 안 좋으면 회식도 싫은 것이다. 다 같이 팀의 단합을 대놓고 '위하여!' 한다고 단합이 되지는 않는다는 뜻이다. 팀 전체의 단합에 앞서 챙겨야 하는 건 팀원 개개인이라고 생각한다. 팀은 개개인이 모인 집단이니까. 아직 집단을 다루는 게 서툴러서 살짝 미뤄 두고 싶은 건지도 모르겠다. 하지만 각자의 일이 재미있고 서로의 어려움을 돌아볼 만큼의 정서적인 여유가 있다면, 그리고 혼자서 일하는 것보다 서로 머리를 맞대는 것이 더 유익하다는 것을 저마다 느낀다면 하지 말라고 해도 알아서 시간을 내고 자리를 만들지 않을까. 너무 이상적인 꿈이려나. 하지만 팀원 한 명 한 명을 마주하는 노력도 없이 무조건 회식 한 번에 팀워크와 화합을 기대하는 것이야말로 오히려 지나친 꿈이 아닐지.

좋은 팀장이 되는 법도, 분위기 좋은 팀을 만드는 방법도 아직 확신은 없다. 나 역시 아직 고민하고 시행착오를 겪는 과정이며, 아주 조금씩이지만 나아지고 있다고 믿고 싶다. 성과가 물론 중요하지만, 그 성과라는 것을 우리 팀원들과 좀 더 즐겁게 만들어가기 위해 시도하고 있는 두 가지 리추얼이 있다. 하나는 앞서 이야기한 1:1 미팅이고, 또 하나는 설 선물이다. 결국 팀원 개개인에 대한 시간과 돈의 투자이다. 두 가지 다 팀원이 4명밖에 없을 때 시작했기에 팀원이 많아지면서 살짝, 아주 살짝 고민했다. '이걸 계속 해야 하나? 출혈이 큰데.' 하지만 사람이 많든 적든 팀원 각자한테는 개인적인 문제이다. 게다가 팀장 된 지 고작 1년 만에 포기하자니 영 민망스러워 일단은 지속하기로 했다.

1:1 미팅을 왜 하느냐고 물을 때마다 구구절절 설명하기에는 너무 거창한 것 같아 단출하게 말한다. 하기로 정했으니 그냥 한다고. 시작이 어떠했든 꾸준히 약속을 지키는 것에 지금은 더 의미가 있는 것 같기도 하다. 솔직히 1:1 미팅 시간에 뭔가 대단한 대화를 하고, 거대한 미래를 그리고, 엄청난 성장을 하는 것이냐 하면 그렇지는 않다. 개별적으로 느끼는 바도 다를 것이고, 대화

의 주제나 효과도 다르다. 어떤 때는 당장 오늘 만들어야 하는 보고 자료 이야기만 하다 끝날 때도 있고, 어떤 때는 '힘든 거 없느냐, 없어요. 진짜 없느냐, 없어요.' 이런 대화로 수박 겉만 핥다가 끝날 때도 있다. 그래도 괜찮다. 다음 달에는 다른 이야기를 하면 되니까. 어쨌거나 한 달에 한 번, 1시간 남짓의 시간을 그 사람 한 명을 위해 떼어놓는다는 게 중요한 것 같다. 따로 떼어 놓지 않으면 바빠서, 정신없어서, 회의가 많아서, 갑자기 윗사람이 불러서, 일이 생겨서 등등 수만 가지 이유로 한 달에 단 한 시간도 한 사람을 위해 오롯이 낼 수 없다. 장담한다. 정말 그렇다. 굳이 왜 시간을 내야 하는가에 대한 답은 앞선 글에서 설명했으니 생략하기로 한다.

두 번째 리추얼인 설 선물은 나보다 훨씬 먼저 팀장이 된 입사 동기가 전수해 준 방법인데, 꽤 마음에 들어 나도 팀장이 된 후 써먹고 있다. 설 선물은 팀원들 집이 아니라 팀원의 부모님 댁으로 보낸다. 나도 일개 월급쟁이다 보니 비싼 선물은 불가하다. 기껏해야 한과나 티백 세트 수준이지만 그래도 하나하나 주소를 입력하고, 이름을 입력할 때만큼은 정성을 다한다. 팀원들에게 점수를 따려는 건 아니다. (솔직히 10% 정도는 맞지만) 90%는 '부모님들이 우리 딸, 아들이 회사 생활을 잘 하고 있구나, 별문제 없나 보구나.' 하며 진심으로 응원해 주셨으면 좋겠다는 마음이다. 부모님들의 응원과 자부심을 자원 삼아 우리 팀원들이 더 힘내서 일했으면 하는 마음, 각박한 세상에서 잠깐이라도 부모님과 함께 웃으면서 대화했으면 하는 마음, 그렇게 에너지를 충전해서 올 한 해 잘해 보자는 마음이다. 신입 사원으로 회사에 처음 입사했을 때 회사에서 꽃바구니를 집으로 보낸 적이 있는데, 그때 부모님께서 무척이나 뿌듯해하셨던 기억도 한몫한다.

회사 임직원 수가 많아지면서 어느 날부터인가 명절에 참치 세트 하나 들고 갈 일이 없어졌다. 전부 복지 포인트라는 현금성 선물로 대체되어, 실용적인 걸 중시하는 요즘 세대는 좋아한다. 나도 요즘 세대 축에 속하지만 왠지 명절 느낌이 나지 않아 아쉬움은 있다. 그 와중에도 선물을 챙겨 주는 몇몇 임원 덕에 마음이 넉넉해져 나 역시 이번 명절에도 각 부모님 댁에 작은 선물을 보냈다. 경기가 안 좋고 회사가 어렵다는 기사가 연일 뜨는 마당에 선물이 도착하니 부모님들이 다행이라고, 회사가 아직은 괜찮은가 보다고 안심하셨다고 한다. 예상하지 못했던 수확이다. 그거면 되었다. 부모님들이 안심하고 편안한 마음으로 자식들을 믿어 주시면, 그만큼은 우리가 또 잘해 볼 수 있지 않겠습니까. 회사가 내일모레 망할지언정, 우리는 일단 힘을 내보겠습니다. 약발이 얼마나 갈지는 모르겠지만. 금방 떨어지면 또 어떤가.

원래는 몇 개가 더 있었다. 연말에 크리스마스 편지와 함께 책을 선물하기도 했고, 윗사람에게 추석 때 선물을 드리기도 했다. 특별한 이유가 있어 중단한 건 아니지만, 조금 버거웠던 건 사실이다. 팀원들에게 편지 쓰는 건 나름대로 값진 일이었지만 연말, 평가 시즌과 겹치면서 계속했던 진부한 얘기 말고 또 다른 무언가, 그동안 꺼내지 못했던 어떤 말을 해 주어야 할 것 같아 부담이 되었다. 사실 평소에 1:1 미팅과 평가 피드백에 진심을 담으려 노력했던 만큼, 그 외 진짜 진심이랄 것이 딱히 없었다. 그 와중에 팀원들에게 꼭 맞는 책을 찾는 것이 가장 어려웠다. 책을 통해 내가 하고 싶은 말을 전하는 것이 목적이었지만, 그건 그 즉시 팀원이 그 책을 읽을 때에만 유효한 것이었다. 자칫 '이걸 읽고 좀 잘해 볼래?' 하는 압박으로 느껴질까 고민이 되기도 했다. 무엇보다 나한테 좋은 책이라고 해서 팀원들도 좋아할 것이라는 확신이 없었다. 다 각자의 상황에서 각자에게 필요한 책이어야 의미가 있을 텐데, 선물 받은 책에는 도무지 손이 잘 안 간다는 건 이미 숱하게 경험해 본 일이다.

자기만의 리추얼에 있어서 what과 how는 별로 중요하지 않은 것 같다. why가 중요하다. 나름대로의 의도와 의미, 진정성을 담은 것이라면 어떤 것이라도 좋을 것 같다. 다만 지속할 수 있어야 리추얼인 건 맞다. 그러려면 거창하지 않아야 한다. 돈이든 시간이든, 너무 많은 인풋이 들어가면 지속하기 어렵다는 건 진리이다. 그 적당함이란 게 생각보다 더 어려운 게 함정이지만.

1:1 미팅을 하고 설 선물을 보낸다고 우리는 분위기 좋고 성과도 나는 팀이라고 장담할 수는 없다. 그냥 하는 것이다. 이왕 일하는 것, 기분 좋게 하자고. 헷갈리는 건 그때그때 털어놓고 부모님께 힘껏 응원도 받으면서, 그렇게 각자의 텐션을 올리면 당연히 성과도 좋지 않을까, 우리도 좋은 팀 한번 해 볼 수 있지 않을까 하는 믿음으로 말이다.

동기

# #든든하다

팀장이라고 매일 싸우고 눈치 보고 헐뜯는 것만은 아니다. 그러기에 회사 안에서 내게 힘이 되는 존재를 새삼스럽게 생각해 본다면 입사 동기, 그중에서 J에 대한 이야기를 빼놓을 수 없을 것 같다. 회사에서의 내 전후 위아래 속사정을 제일 잘 알고 있으며, '이럴 땐 어떻게 해야 하냐.'라고 가장 편하게 털어놓을 수 있는 친구이다. 나만의 리추얼이라고 거창하게 적어 놓은 '팀원 부모님께 명절 선물 보내기'를 내게 전수해 준 인물이기도 하다. 좋아 보여서 따라 하고 있다고 아직 그에게는 말도 못했다. 따라 하고는 자기 것처럼 써 놨다고 노발대발할 것이 뻔하기에 밑밥을 깔아 두기로 한다.

J가 가르쳐 준 몇몇 노하우들은 언제나 쓸모가 있다. 꽤 일찍부터 팀장 생활을 시작한 동기라 처음 팀장이 되어 뭘 어떻게 해야 하는지를 모를 때 종종 조언을 구하곤 했다. 회사가 팔렸을

때는 서로 답 없는 푸념을 늘어놓기도 했다. 지금도 일이 잘 안 풀릴 때는 조언을 구하고, 정말 짜증 나는 누군가가 있으면 앉혀 놓고 '내 말 좀 들어봐.' 하며 신나게 씹어댄다. 팀장이 되고 나서, 주변에 아무도 내 속을 터놓고 이야기할 사람이 없어 외로울 때 정말 다행스럽게도 동기가 있었다. 이해관계가 제로인 관계. 일로 부딪힐 일도, 누가 누구를 평가할 일도, 서로에게 이익이나 손해를 끼칠 일도 없는 순수한 동지 관계이다. '우리는 제발 일로 엮이지 말자.' 지금도 종종 다짐처럼 건네는 말이다. 이게 뭐 우리 마음대로 되겠냐마는.

얼마 전, 다른 팀 부서장의 무례한 말투에 잔뜩 빈정이 상해 커피 한잔하자며 J를 만났다.

"내 말 좀 들어 봐."

앉자마자 스토리텔링을 시작한다.

"너무하지 않아? 어떻게 그렇게 무례할 수가 있어?"

가만히 내 얘기를 듣고 있던 J가 말했다.

"그렇게 안 봤는데 그분 좀 이상하네. 기분 나빴겠다."

그러면서 덧붙인다.

"그런데 기분 나빠도, 결국은 아랫사람이 굽히고 들어가야 되더라. 어쩔 수 없더라고."

신기했다. 동기의 그 말을 듣는데, 체증이 싹 내려가는 듯했다. 회사 안에서 누군가 내 기분 나쁨을 이해해 준다는 것, 일단 나를 기분 나쁘게 한 그 사람을 이상하다고 평가해 준 것, 그리고 내가 어떻게 하는 것이 현명한 방법인지까지 확인했으니 더 이상 화를 낼 이유가 없었다. '왜 그 사람 편을 들어 줘? 왜 내가 굽혀야 해?' 화가 날 법도 했지만 아무렇지 않았다. 아랫사람이 굽혀야 한다는 건 나도 안다. 다만 기분이 나빠지니 그렇게 하고 싶지 않았을 뿐이다. 그럼에도 불구하고 내가 굽히려니 속이 뒤집어졌을 뿐이다. 당연히 기분 나쁘겠지만 그래도 해야 한다는, 이미 알고 있는 그것을 실행에 옮길 힘이 필요했다. 누군가 나와 같은 마음으로, 내 편에서 공감해 주길 바랐다. 그 역할을 해 줄 수 있는 사람이 동기였다. J도 알고 있었을 거다. 이럴 때 어떻게 해야 하는지, 굽히지 않았을 때 어떤 일이 초래되는지 이미 본인도 수없이 경험했을 터였다. 적이 아니라 같은 편에 선 동지로서 담담하게 건네는 조언은 아주 직질했고, 깔끔했다. 평온한 마음으로 자리로 돌아가 그 무례한 이에게 말했다. 아까 말씀하신 대로 제가 하겠노라고. 신경 안 쓰셔도 된다고.

38명이 입사했는데 J와 더불어 지금까지 남아 있는 동기는 한 손에 꼽는다. 함께한 세월이 어언 15년째이다. 언제부턴가 좋은 일이나 신나는 일이 있을 때보다는 힘들 때 문을 두드리게 된다. '잘 사니?' 물을 때는 여지없이 고민이 있거나 일이 재미없을 때이다. 때로는 해결 방법을 알려 주기도 하고, 자기가 해 본 노하우를 전수하기도 하고, 많은 경우에는 가만히 서로의 얘기를 들어 준다. 아무 이해관계 없이 그저 얘기를 들어 주고, 편들어 주는 사람 한 명이 때로는 죽을 것 같은 상황도 살게 해 주는 것이니까. 동기란 그런 것이니까.

각자의 자리에서 살벌하게 열정을 쏟을 때면 "네가 내 팀장이 아니라 얼마나 다행인지 모른다."라는 농담을 서로에게 한다. 그 속에 담긴 뜻을 알기에 같이 웃는다. 팀장으로서 최선을 다하는 네가 자랑스럽다, 멋있다, 힘내라, 하지만 너무 무리하지는 마라, 부디 지치지 마라.

누가 먼저 이 회사를 떠날지는 모르겠다. 다들 딱히 대안이 없기에 이러다 회사랑 운명을 같이할지도 모르겠다. 그때쯤 되면 아마 서로 이런 말을 하고 있지 않을까. 너 때문에 망했다고. 네가 먼저 그만뒀으면, 나도 따라 그만뒀을 텐데. 남아 있는 바람에 이렇게 험한 꼴을 보지 않았느냐고. 이 말을 하면서도 웃을 수 있을지는 모르겠지만, 좌우지간 먼저 그만두시면 상당히 섭섭할 것 같습니다.

## 혼밥

# #편안하다

처음 팀장이 되고 나서 모든 게 막막했을 때 밑줄 그으며 의지했던 책이 하나 있었으니, 박태현 대표의 『처음 리더가 된 당신에게』[5]라는 책이었다. 모든 게 처음이라 모든 것이 막막한 나 같은 초짜들에게 딱 필요한 실전 노하우들이 가득 담긴 책이라서 한 글자 한 글자 열심히 읽었는데, 그중에서 가장 내게 필요했던 부분은 바로 점심시간에 관한 내용이었다. '초보 팀장들이여, 점심시간을 어떻게 보내야 하는가.' 이 질문에 대해 저자는 점심시간을 네트워킹의 시간으로 활용하라고 했다. 맨날 똑같은 사람과 밥 먹지 말고, 평소에 안 만나딘 다른 팀 사람이나 다른 회사 사람들과 밥을 먹으며 기회를 넓히라는 것이었다. 무릎을 탁 쳤다. 그래, 이거구나. 팀원 시절의 점심시간과는 달라야지. 그렇고

5 박태현, 『처음 리더가 된 당신에게』, 중앙북스(books)

말고.

별것도 아닌 얘기 같은데 왜 무릎까지 쳤는가 하면, 팀장이 되고 나니 점심시간이 상당히 부담스러워졌기 때문이다. 팀원 시절에는 다른 팀의 친한 사람들과도 종종 밥을 먹었지만, 별다른 약속이 없을 땐 그냥 팀원들과 밥을 먹거나 혼자 대충 때우곤 했다. 그런데 팀장이 되고 나니 그래도 되나 싶다. 팀원들과 매일 같이 먹자니 몇 가지가 걸린다. 첫째, 일 얘기는 딱히 안 하고 싶은데 그렇다고 속속들이 사생활을 물어볼 수도 없고, 이 팀의 누가 어떻고 저 팀의 누가 어떻고 험담을 할 수도 없는 노릇이다. 그렇다고 밥 먹는 내내 잘 보지도 않는 TV 프로그램 얘기나 연예인 얘기를 하는 것도 고역이다. 그것도 하루 이틀이지, 그다음부터는 할 얘기도 없다. 둘째, 이 친구들이 매일 나랑 같이 밥을 먹고 싶을까 의문이다. 불편하겠지, 아무래도. 밥값 부담은 세 번째 이유쯤으로 해 둔다. 맛집에서 호기롭게 쓸 수 있는 공동 예산은 한 달에 한두 번이면 동난다. 매일매일 두세 명씩 같이 밥을 먹다 보면 3만 원, 5만 원씩 매일 쓰게 될 터. 사비로 쏘더라도 매일은 좀 부담이다. 그렇다고 팀장 체면에 n분의 1로 하자고 할 수도 없고. 혼자 대충 때우는 것 역시 마음이 불편했다. 왠지 밥도 안 먹고 일하는 일중독 같은 느낌도 싫거니와, 팀원들 눈치

도 보인다. '우리 팀장은 왜 약속도 없어? 왕따인가.'

참 실없다. 내가 뭘 먹든, 누구랑 먹든 아무도 관심 없을 텐데. 그럼에도 이 실없는 고민을 해결해 준 '네트워크'라는 단어가 나는 꽤나 신선했고, 그날부터 '네트워크 확장'이라는 안경을 쓰고 밥 먹을 사람을 물색하기 시작했다. A 팀 팀장, B 팀 부서장, C 팀 대리, 예전에 같이 일했던 D 팀 후배와 그 옆자리 동료. 다른 회사까지는 모르겠고, 일단 우리 회사에서라도 밥 한번 먹은 사람들을 많이 만들어야지 싶어 몇 번 약속을 잡고 만나 밥을 먹었다. 그 팀은 어때요? 요즘 일은 어때요? 이 얘기 저 얘기 하며 서로의 근황에 대해 알아가는 시간은 분명 의미 있었다. 하지만 메신저로 이름을 쳐서 연락하고, 시시껍절한 얘기를 하다가 대뜸 밥 먹자고 하는 대화의 전개는 그 자체만으로도 상당한 에너지가 필요했다. 그거 말고도 할 일이 많은데, 네트워크 하나에 일하는 시간과 에너지를 쪼개 넣는 건 아무래도 뭔가 뒤바뀐 느낌이었다. 무엇보다 완전히 비즈니스적인 식사 자리가 아닌, 그저 네트워킹이라는 목적으로 만나 나누는 대화는 뭔가 중심을 건드리지 못한 채 겉만 빙빙 도는 느낌이었다. 같이 밥을 먹은 사이이긴 하지만 그 이상도, 그 이하도 아닌 관계. 그것에서 내가 얻을 것이 과연 무엇인가 의문이 들어 이 시도는 곧 그만두었다.

그 후로도 점심시간을 잘 보내야 한다는 강박에 꽤 오래 시달렸다. 잘 보내는 것의 기준은 그거였다. 목적을 가지고, 의미 있게. 하지만 점심시간의 목적과 의미란 것이 뭔가. 점심을 든든하게 먹고, 재충전해서 오후 시간을 잘 보내는 것 아닌가. 왜 꼭 누구랑, 뭘 먹느냐에 목숨을 걸어야 하는 거지? 그러다 우연히 또 다른 책을 발견했다. 『혼자 점심 먹는 사람을 위한 산문』[6]이었다. 제목에서부터 끌린 걸 보니 나는 이미 스스로를 '혼자 점심 먹는 사람'이라 여겼던 모양이다. 사람이 참 간사하다. 그때그때 내 상태에 따라 보고 싶은 것만 찾아 읽는 걸 보면. 책에서 김신회 작가는 왜 혼자 밥 먹겠다고 하면 사람들이 딱하다는 표정을 짓는지 모르겠다고 했는데, 정말 그렇다. 점심 안 먹느냐는 질문에 "네, 먹고 와요."라고 하면 사람들은 왠지 측은하다는 표정을 지었다. '너무 일이 많아서 밥 먹을 시간도 없나 보다.'라고 생각하는 건지, '저러다 건강 상할 텐데.' 하는 진심 어린 걱정인지는 알 수 없지만 그 오해를 풀어 주고자 구구절절 '도시락을 싸 왔다, 오늘은 밥 생각이 없다, 쉬고 싶어서 그런다, 알아서 먹겠다.'

6 강지희, 김신회, 심너울, 엄지혜, 이세라 저 외 5명, 『혼자 점심 먹는 사람을 위한 산문』, 한겨레출판(2022)

등등의 부연 설명을 늘어놓곤 했다. 하지만 말 그대로 점심시간은 일하는 도중에 찾아오는 60분의 휴식 시간이다. 그 시간을 누구와 뭘 하며 어떻게 보낼지는 내 자유이다. 팀원이라고, 팀장이라고, 부서장, 아니 CEO라고 달라질 이유는 없다. 팀장이기 이전에 나는 그저 먹고사는 일이 중요한 한 명의 직장인이니까. 아무도 내게 점심시간에 무엇을 하라고 강요하지 않는다. 의미 있게 보내고 싶다면, 내게 의미 있는 일을 찾아 그 시간에 하면 되는 것이다. 김신회 작가의 속삭임 덕분에 나는 점심시간의 강박에서 조금 자유로워질 수 있었다.

그러니까 처음 팀장이 된 내게 필요한 건 대단히 의미 있는 식사 시간도, 네트워크도 아니었다. '리더가 되면 이러이러해야 해.'라는 조언을 그저 하나의 아이디어로 받아들일 수 있는 배짱과 내게 맞는 생활 패턴을 만들어가는 여유가 필요한 것이었다. 이제부터는 점심시간에 그 여유를 좀 찾아볼까 한다. 건강하고, 평화로운 나만의 방식으로.

워라밸

# #괜찮다

워라밸을 이야기하면 흔히 일과 삶을 양분하고 각각의 시간을 적절히 확보하는 것으로 해석하곤 한다. 영문으로는 work and life balance이지만, 실제 이야기할 때는 '일 or 삶' 혹은 '일 vs 삶'으로 해석하는 것이다. 최근에는 일과 삶의 조화(harmony) 또는 융합(blending)이라는 말도 쓰는 것 같던데, 어쨌거나 '삶'이라는 커다란 바퀴 안에 일과 나머지 부분(가족, 취미, 자기 계발, 휴식 등)이 적절하게 어우러져 안정적으로 굴러가는 것이 워라밸의 본질이라는 생각이다.

팀장이 되고 나서 한동안 워라밸을 완전히 포기했던 때가 있었다. 팀장으로서 해 나가야 하는 일, 관계, 성장, 성찰, 어느 것 하나 쉬운 게 없어 에너지를 집중해야 했다. 내 삶의 다른 중요한 것들, 예를 들면 건강, 가족, 삶의 여유 같은 것들이 계속 위험 신호를 보내는데도 돌아볼 겨를이 없었다. 그러다가 꼭 한 대 얻

어맞고 나서야 정신을 차리는 순간이 찾아왔다. 아이의 생일, 그 날도 바로 그랬다.

새로 부임한 CEO의 지시 사항이 있어 오전 내내 정신이 없던 날이었다. 전사 직원에게 CEO의 이름으로 메일을 보내야 했다. 틀리면 안 되었기에 오타를 점검하고, 메일 주소를 체크하고, 드디어 발송을 마친 후 점심 시간이 다 되어서야 털썩 앉아 숨을 고르던 순간 갑자기 생각났다. 아, 케이크! 그날은 아이의 생일이었다. 회사 어린이집에서 아이의 생일날 파티를 해 주는데 생일 파티를 위한 케이크는 당일 아침에 엄마가 사서 보내야 했다. 1년에 딱 한 번 아이가 가장 기다리는 날, 자신이 주인공이 되어 친구들과 선생님에게 축하를 받고 케이크를 나눠 먹는 바로 그 빅 이벤트를 엄마가 완전히 까맣게 잊은 것이다. 맙소사!

아침에 함께 집을 나서며 빵집에 들러 케이크를 직접 고르고 싶다는 아이에게 "엄마 회사 늦어서 안 돼. 알아서 사다 줄 테니까 걱정 마."라고 했었다. 어린이집에 도착해서도 꼭 캐릭터 장난감 케이크여야 한다고 신신당부하기에 "알았다니까!" 하며 다급히 들여보낸 아침이었다. 그러고는 단 몇 분 만에 완벽하게 까먹다니. 엄마를 믿고 돌아서던 아이의 뒷모습과 케이크를 기다리다 실망했을 아이의 얼굴이 머릿속에서 지워지지가 않았다. 죄책감과 미안함에 터져 나오려는 눈물을 참고 정신없이 회사 주변 빵집에 전화해 아이가 좋아하는 캐릭터가 있는지 묻고 또 물었다. 간신히 한 군데를 찾아 황급히 케이크를 사서 어린이집에 들고 갔다. 미안해서 어떡하냐고 실망하지 않았냐고 걱정하는 내게, 선생님은 오후에 파티하기로 했고 아이는 아직 모른다며 나를 위로했다. 그 말에 결국 눈물이 터져버렸다. 안도와 감사의 눈물, 엄마로서 자책의 눈물이었다.

자리로 돌아오니 따뜻한 커피 한 잔이 책상에 놓여 있었다. 힘내시라는 포스트잇과 함께. 일과 엄마 역할 사이에서 멘붕이 된 나를 지켜보던 팀원의 응원이었다. 커피를 홀짝이며 천천히 몸을 타고 도는 온기를 느꼈다. 그래, 어쨌든 케이크는 보냈고 아이는 행복하게 파티를 할 것이다. 나는 주어진 일을 무사히 해냈고, 나를 위로해 주는 팀원이 있으니 그걸로 된 것 아닌가. 삐걱삐걱 위태롭긴 했지만 넘어지진 않았다. 완벽하진 않아도 어떻게든 균형은 잡은 셈이다.

반대의 경우도 있다. 하루 종일 회의와 보고와 새로운 과제에 치여 한 방울의 에너지도 남아 있지 않은 상태로 퇴근을 한다. 마음 같아서는 이대로 택시를 타고 집으로 곧장 가서 눕고만 싶지만 그럴 수 없다. 12시간 가까이 아이들이 회사 2층 어린이집에서 엄마를 기다리고 있으니. 지친 몸을 이끌고 어린이집 벨을 누르는 순간, 벌써 안에서부터 소리가 들린다. "꺅!!! 엄마!!!" 어디서 그런 에너지가 나오는지 복도가 떠나가게 소리를 지르며 뛰어나오는 아이들을 나 역시 있는 힘을 다해 안아 준다. 신기하다. 한 톨도 남아 있지 않았던 에너지가 갑자기 핑 하고 돈다. 나 오늘 이거 했어요, 저거 만들었어요, 뭐 먹었어요, 누구랑 놀았어요, 재잘재잘 떠드는 소리에 묵직했던 일들은 잠시나마 사라진다. 그렇게 자고 일어나면, 그래도 하루를 살아갈 힘이 생긴다. 방전이 될 때까지 나를 소진해도 그럭저럭 살아갈 수 있는 건 "엄마!!!" 하고 소리 지르며 고속 충전해 줄 아이들 덕분이다. 물론 아이들 덕분에 남은 한 방울까지 탈탈 털리는 날도 분명 있지만.

워킹맘의 워라밸은 일과 육아의 비중이 큰 게 당연하지만, 삶의 다른 영역들에도 분명히 일정 분량을 할애해야 한다. 아이에게 올인하여 내 여가를 포기하거나, 자기 계발에 열중하여 일을 소홀히 하는 것도 맞지 않다. 삶이라는 큰 바퀴를 구성하는 여러 영역들이 저마다의 몫을 해야만 한다. 그러다가 어느 한쪽에서 많은 에너지를 필요로 할 때, 나머지가 나서서 도와야 한다. 더 잘할 수 있도록, 빨리 적응해서 제자리를 찾을 수 있도록, 힘들 때는 빠르게 충전할 수 있도록.

팀장이 되었을 때만 그런 것은 아니다. 아이를 낳은 직후, 육아 휴직이 끝나고 복직한 직후, 직무를 바꾼 직후처럼 새로운 변화가 시작될 때면 꼭 밸런스가 깨졌다. 당연한 일이었다. 처음 시작하는 그 일에 무게중심이 쏠려 있기 때문이다. 시간이 지나 조금씩 적응하고 나면 자연스럽게 균형을 찾았다. 그리고 또 다른 이슈가 생기면 또다시 기우뚱거렸다. 앞으로도 그럴 것이다. 중요한 건 '괜찮다'는 마음이다. 기우뚱하더라도 괜찮다는 마음으로, 시간이 좀 걸려도 괜찮다는 마음으로 계속 바퀴를 굴리다 보면 어느새 제자리를 찾는다. 넘어지지만 않으면 된다. 아니, 넘어지더라도 삶의 중요한 것들이 서로 싸우고 갉아먹어 바퀴가 터지지만 않으면 된다. 무게중심이 쏠렸을 때 완벽하게 균형을 잡으려 무리하게 애쓰는 대신, 매 순간 멈추지 않고 차분히 발을 움직이다 보면 삶의 여러 영역들이 서로를 도와줄 거라 믿는다. 팀장인 내가 엄마인 나를, 또 건강한 내가 팀장인 나를. 워라밸이란, 그런 것이 아닐까.

팀장의 감정

# #흥미롭다

조직 문화 관련 책의 저자를 직접 모시고 북 토크를 할 수 있는 기회가 생겨 우리 팀 워크숍에 초대했다. 저자와 함께 이런저런 이야기를 나누던 중 팀원 하나가 그에게 이런 질문을 던졌다.

"좋은 리더란 뭐라고 생각하세요?"

나 역시 늘상 던지는 질문이라 별생각 없이 듣고 있는데, 오히려 저자가 민망해한다.

"팀장님도 여기 계신데, 좋은 리더에 대해 이야기해도 될까 모르겠네요. 하하."

"어머, 전 괜찮으니 신경 쓰지 마세요."

막상 그 얘기를 듣고 보니 기분이 묘했지만 최대한 나랑 상관없는 이야기처럼 들어보기로 했다. 저자는 자신의 경험 속에서 가장 좋았던 리더는 바빠도 바쁜 티를 내지 않고, 힘들어도 힘든 티를 내지 않는 사람이었다고 했다. 듣고 있던 팀원도, 좋은 리더란 자신의 감정을 잘 드러내지 않고 잘 컨트롤하는 사람인 것 같다는 의견을 덧붙였다. 감정 컨트롤, 무슨 말인지는 알겠는데 너무 가혹한 거 아닌가? 바쁜 티도 내서는 안 되고, 감정 표현도 꾹 참아야 한다니. 화가 난다고 필터 없이 화를 내는 사람은 당연히 문제가 있지만, 그건 꼭 리더만의 문제가 아니다. 어른이라면, 사회인이라면 기분과 태도를 분리하여 상황에 맞는 언어와 행동을 선택해야 하고, 그것은 인성의 문제이다. 사회 초년생 시절부터 훈련하지 않으면 갑자기 리더가 된다고 곧바로 장착할 수 없는 것도 분명하다. 평소 때는 포커페이스를 유지하다가, 자기보다 지위가 아래인 사람들 앞에서만 혈기를 부리는 것 역시 정상이 아니다. 그러니까 리더든, 리더가 아니든 사회생활을 하면서 자신의 감정을 상황에 맞게 적절히 컨트롤하는 건 기본이라는 뜻이다.

그럼에도 불구하고 좋은 리더의 조건에서 '감정'이라는 단어가 수면 위로 올라왔다는 건 그 자리에 앉아 있던 유일한 리더로서 내 감정을 한 번쯤은 돌아보라는 뜻이려나. 퇴근 후에 화장대에 똑바로 앉았다. 평소 사무실에서 자리에 앉아 있을 때처럼 얼굴에 힘을 빼고 무표정으로 거울을 봤다. 피곤해 보였다. 지쳐 보였다. 살짝 화가 난 것처럼 보이기도 했다. 입꼬리를 올려 미소를 지어 봤다. 그제야 조금 편안해 보였다. 눈과 입에 힘을 풀었더니 다시 표정이 굳었다. 아, 이게 내 평상시 얼굴이구나. 최대한 편안하게 이완하면 할수록, 무언가에 집중해서 얼굴 근육에 힘을 뺄수록 더 편안해야 할 얼굴이 거꾸로 엄(숙)근(엄)진(지) 그 자체가 되었다. 이게 평소 모습이었다니. 팀원들이 참 말 걸기 어려웠겠다 싶었다.

무표정한 얼굴에 생기가 돌고 미소가 가득한 사람이 있을까 싶긴 하다. 무표정조차 온화하려면 꽤나 오랜 시간 인격 수양이 필요할 테니. 누구나 사회적 얼굴과 함께 남들이 모르는, 심지어 자기 자신도 제대로 본 적 없는 자신만의 얼굴을 가지고 있다. 다만 자신의 얼굴 표정이 다른 이에게 영향을 미치는 자리에 있다면, 하루 중 사회적 얼굴의 비중을 의도적으로 더 높이고 안면 근육을 더 발달시켜야 할 수도 있겠다는 걸 거울을 보며 생각했다.

리더니까 감정을 잘 컨트롤해야 한다는 건 남들보다 좀 더 섬세하게, 좀 더 주의를 기울여서 감정을 다뤄야 한다는 걸로 받아들이기로 했다. 화가 난다고 버럭버럭 소리를 지르고 '웃었다, 울었다'를 반복하는 격한 감정의 통제를 말하는 것이 아니다. 짧은 한숨, 순간적으로 굳은 표정, 지친 목소리에서 배어 나오는 아우라에 팀원들은 영향을 받는다는 것이다. 일에 관해 뭘 물으려다가도, 뭔가 잘못된 걸 보고하려다가도, 아니면 개인적인 고민을 털어놓으려 해도 팀장이 지쳐 꼬부라져 있거나, 모니터를 노려보고 있거나, 키보드를 부시고 있으면 다가오기 힘들 것이다. 나부터도 윗사람의 표정이 안 좋으면 보고하려던 것을 뒤로 미룬다. 아이들도 엄마가 피곤해하면 눈치를 본다. 하물며 하루에 8시간 이상 한 공간에 있는 팀장인데, 팀의 정서에 영향을 미치는 건 당연한 일이다.

그렇다고 늘 가식적인 표정과 작위적인 말로 팀원들을 대하고 싶지는 않다. 좋은 리더가 되는 것도 내가 일단 정상적인 삶을 영위할 때에 가능한 얘기이다. 다만 내 감정이 엉뚱한 불똥이 되어 팀원에게 튀지 않도록, 나쁜 감정 상태가 오래오래 지속되지 않도록 컨트롤하는 것은 필요하다. 하루 종일 미소를 띠고 숨죽이며 앉아 있는 건 고문일 수 있겠지만, 안면 근육과 작은 신체 반응 정도로 좋은 리더가 될 수 있다면야 까짓것 조금 신경 써보지 뭐. 자꾸 웃다 보면 좋은 일이 생기는 게 우주의 법칙이라면, 이참에 사회적 미소의 힘을 좀 빌려보는 것도 나쁘지 않겠다.

그나저나, 정말 그거면 될까? 감정만 잘 다루면 좋은 리더인 걸까? 정말 그럴까? 그 부분은 아직도 좀 의문이다.

글쓰기

# #시원하다

책을 쓰는 이 순간에 우습게도 가장 걱정스러운 것은 책이 세상에 나온 후 주변의 반응이다. 물론 나 혼자만의 뇌피셜이다.

**A 팀장의 예상 반응** "책 쓸 시간이 있었어? 일이 별로 없었나 보구나."

**B 부서장의 예상 반응** "일은 안 하고 책이나 쓰고 있었단 말이야?"

**동기 C의 예상 반응** "와, 너 진짜 독하다."

다 좋다. 내게 주어진 24시간을 쪼개서 내가 뭘 하는지 그들이 알 턱이 없으니, 뭐라고 하던 신경 쓰지 않으리. 다짐은 해 보지만 여전히 걱정은 된다. 일하는 시간에 딴짓을 하지 않기 위해 잠자는 시간을 쪼개고, 점심시간에 밥도 안 먹고, 휴가를 바치고,

주말을 희생해서 책을 썼건만 아무것도 모르는 회사 사람들이 멋대로 판단하고 수군댈까 봐. 그러면 왠지 좀 억울할 것 같아서 이 글로 해명하기로 한다. 저는 진짜 일하는 시간을 1도 쓰지 않았다고요!

팀장의 삶과 무관한 다른 이야기를 적은 거라면 모를까. 이 책에 대해서만큼은 나는 당당하다. 근무 시간을 침해하지 않았음은 물론, 처음부터 일에 더욱 집중하기 위해 이 책을 쓰기 시작했으니까. 일하는 시간을 팀장의 역할과 책임에 매달려 고군분투하는 과정 속에서 마음이 괴롭고, 머릿속이 복잡하고, 심장이 아팠던 순간이 왕왕 찾아왔다. 그때마다 다른 팀장들은 대체 이런 감정의 롤러코스터를 어떻게 처리하는지 궁금했다. 대부분은 일하느라 바빠서 그것들을 처리할 시간조차 없는 듯했다. 그렇게 대부분 어딘가 깊숙한 곳으로 밀어 넣거나, 술잔을 기울이며 털어 내는 '감정의 이야기'를 나는 '글'이라는 창고에 하나씩 저장했다. 그 과정에서 정리가 되었다. 내 감정의 진짜 모습, 화가 났던 이유, 마음속 두려움과 마주하고 나면 쓸데없이 부유하던 감정들이 가라앉았고, 불필요한 잡념은 사라졌으며, 다음에는 좀 더 잘할 수 있을 것 같은 용기를 얻었다. 그렇게 오르내리는 감정을 매일 정비하는 작업은 새로운 하루치의 에너지를 충전하는 꽤 유용한 방법이었다.

한번은 팀원이 대화 중에 갑자기 내게 물었다.

"팀장님은 힘들 때 어떻게 충전하세요?"

충전이라, 힘들 때 나는 뭘 하지? 아니 그 전에, 난 언제 제일 힘들지? 팀장이 되면서부터 '힘들다'는 것을 아주 명확하게 인지하지 못한 채로 살았던 것 같다. 힘들지 않았던 건 아니다. 늘 체력이 딸려 헉헉대면서도 새로운 정체성이 주는 각성 탓인지, 힘들면 안 된다는 강박 때문인지, 해야 하는 수많은 일들이 피노키오 인형에 매달린 줄처럼 나를 움직인 덕분인지 알 수 없으나 어쨌거나 힘들다는 생각을 별로 해 본 적이 없었다. 그런데 막상 팀원에게 질문을 받고 나를 돌아보니, 사실 나는 시시각각 정말 힘을 다해, 있는 힘껏 하루하루를 살아 내고 있었다. 그래서 힘들었지만 힘들지 않았다. 그리고 그 원동력은 사이사이 비집고 들어오는 감정의 소모를 글쓰기로 털어 냈기 때문이었다. 팀원에게 '힘들 때는 책을 읽고 글을 쓴다.'라고 대답했다. 너무 모범답안이라 말하면서도 오글거렸지만 진짜였다. 힘들 때 적절한 책은 위로를 주었고, 글은 가장 효율적인 에너지 충전소였다. 밖에서 충전기를 꽂는 것도 좋지만, 스스로 안에 잠자고 있는 에너지를 깨워 자가 동력을 펌프질 하는 것이 어쩌면 가장 효율적이고 가장 쉬운 방법이기 때문이다.

'당신은 책을 쓴 사람이니까 할 수 있는 소리지.' 그렇게 말씀할까 봐 이 얘기를 꼭 덧붙이고 싶다. 글이고 나발이고 다 팽개치고 이불 속에 파묻히던지 어딘가로 뛰쳐나가 싶을 때도 당연히, 무지하게 많다. 글을 쓴다고 바닥을 찍을 일이 없는 게 아니다. 수시로 찍는다. 아주 3종 세트, 5종 세트로 바닥에 자리 잡고 눌러앉을 때도 있다. (이 책을 쓰는 와중에도 온 가족이 코로나에 걸리고, 처음 떠난 가족 여행을 망치고, 가장 친한 친구와 멀어지고, 팀원의 1/3이 갑자기 떠날 때도 있었다. 모두 한 달 사이에 일어난 일이다. 물론 더한 일도 얼마든지 있다.) 문제는 바닥에 주구장창 앉아 있을 수가 없다는 사실이었다. 팀장이니까. 아무리 힘든 일이 있어도 다음 날에는 똑같은 일상을 살아 내야 하니까. 팀원들과의 대화와, 다른 팀과의 회의와, 수많은 계획과 보고와 정리와 의사 결정들이 내 정상적인 판단을 기다리고 있으니 하루 이틀, 길게 잡아도 일주일 안에는 정상 상태로 돌아와야만 했다. 선택의 여지가 없었다. 최대한 빨리 제자리를 찾기 위해 글을 썼다. 아무 말이나 썼다. '오늘은 너무 글이 안 써진다.'라고 쓰는가 하면, '피곤하다.'라고도 썼다. 나한테 일어난 일련의 사건들을 영혼 없이 적어보기도 했다. 신기하게도 그렇게 손가락을 움직이고 나면 그 작은 힘이 동력이 되어 서서히 바퀴가 굴러가고, 일상의 태엽들이 서로서로 엉켜 돌아가 주는 걸 경험할 수 있었다.

회복탄력성이 성공의 조건이라는 글을 어디선가 본 적이 있다. 누구나 바닥을 찍고 에너지가 방전되지만 무엇을 해야 내 안에 다시 뜨거움이 흐르는지를 알고 있다면, 그것조차 귀찮을 때에도 뭐라도 움직거려 금방 루틴을 되찾는다면 남들이 실패로 인해 무너져 있을 때 그는 성공의 기회를 잡을 것이다. 내 삶의 긍정성을 일정 수준으로 유지해 내는 원동력이 회복탄력성이라면, 내게는 그것이 글쓰기이다. 『뼛속까지 내려가서 써라』[7]의 저자는 다행인지 불행인지 대개 마음이 아주 멀리 달아나기 전에 정신을 차리는 편이라고 자신의 회복탄력성을 표현했는데, 정상 궤도를 벗어나는 일탈이 좀처럼 허락되지 않는 팀장의 입장에서 이런 능력은 아주 다행인 일이다. 아마도 글 쓰는 사람들이 본래 회복탄력성이 좋은 것이 아니라, 글쓰기라는 작은 마법을 수시로 활용하기 때문에 회복탄력성이 좋아진 게 아닐까 생각한다.

자기 자신을 좀처럼 돌아볼 시간이 없는, 그러나 누구보다도 절제된 감정 상태를 유지해야 하는 리더라면 더더욱 짬을 내어

7 나탈리 골드버그, 『뼛속까지 내려가서 써라』, 권진욱 옮김, 한문화(2018)

글을 써보길 권한다. 아무 말 대잔치라도 좋다. 아니, 어쩌면 정제되지 않은 에너지를 발산하며 아무 말이나 두서없이 써 내려갈 때 오히려 더 힘이 솟는 것도 같다. 그러니까 아무 말이 아니어도 좋고 아무 말이면 더 좋다는 얘기니, 한번 해 볼 만한 일이 아닌지요.

## SUMMARY

애니메이션 〈인사이드 아웃〉에서는 각자의 역할로 바삐 움직이는 다섯 가지 감정들인 소심이(fear), 슬픔이(sadness), 버럭이(anger), 까칠이(disgust), 기쁨이(joy)가 한 아이의 인생을 이끌어 간다. 영화에서의 주인공은 '기쁨이'이지만, 기쁨이 있기 위해서는 슬픔을 비롯한 다른 감정들이 함께 어우러져 존재해야 한다. 우리가 좌절을 극복한 후에 뿌듯함을, 화를 버럭 낸 후에 후련함을, 몸서리치며 싫어하는 사람에게서 도망쳤을 때 안도감을 느끼는 것처럼.

팀장이 된 내 안에서도 알록달록한 감정들이 열심히 자기 일을 한다. 처음 마주하는 상황에 대한 불안, '내가 잘할 수 있을까' 하는 두려움(fear)과 더불어, 실무자로서의 옷을 벗고 팀장이라는 새 옷을 입은 불편함(disgust), 뜻밖의 공격을 받았을 때의 분노(anger), 주변 사람들이 내 마음 같지 않을 때의 좌절(sadness), 함께 웃고 떠들 때의 즐거움(joy), 그리고 뭔가를 해냈을 때의 만족감까지. 이러한 감정의 파도에 이리저리 휩쓸리며 하루에도 수없이 부대끼는 것이 팀장 사람의 하루 일과이다. 저마다의 역할을 하며 나를 보호하고, 성장시키는 감정들 덕분에 이제는 팀장의 하루가 제법 익숙해졌다.

때로는 감정이 없는 척, 아무렇지 않은 척, 괜찮은 척을 요구받고, 또 그러려고 애쓰는 존재인 건 맞다. 하지만 자칫 '팀장의 할 일'에 치여 내 소중한 감정들이 다치지 않도록, 괜찮은 척하느라 감정을 엉뚱한 하수구에 흘려보내지 않도록, 오늘따라 유난히 존재감을 드러내는 감정의 색깔이 무엇인지 알아채고 돌보는 것부터가 아마도 팀장에게 필요한 '마음의 준비'가 아닐까.

팀장의 감정 사전

책을 쓰면서도 계속 고민했다. 잘하고 싶어서, 잘할 수 있을 것 같아서, 인정받고 싶어서 의욕을 불살랐던 팀장 초기의 시행착오들을 나누는 게 과연 의미가 있을까. 그 경험조차 아직 결과물이 아닌 과정인데, 나는 정답을 알려 줄 수 없는데, 심지어 처음보다 지금 더 잘 모르겠는데.

매일매일의 기록을 원고로 다듬고, 몇 달 후 새로운 기록으로 원고를 뒤집는 일을 1년간 반복하면서 진심으로 이 책 쓰기를 중단해야 하나 망설이던 중 정희진 작가의 글을 봤다. 『나를 알기 위해서 쓴다』[8]는 책에서였다. 글은 곧 나라는 말, 글은 과정의 산물이라는 말, 그러니까 늘 생각의 긴장을 놓지 않고 쓰고 또 쓰고 계속 써야 한다는 작가의 말에 아주 조금 힘을 얻었다. 나 역시 그런 마음으로 이 책을 시작했으니까.

날 때부터 팀장인 사람은 없다. 처음부터 리더로 조직 생활을

8 정희진, 『나를 알기 위해서 쓴다』

시작하는 사람은 없다. 그 명제 하나로 나는 이 책을 쓰기로 마음먹었다. 마치 중학생이 되어 한 치수 큰 교복을 처음 맞춰 입은 어정쩡한 모습으로, 팀장이라는 옷을 입었다. 모든 게 어색하고, 무척이나 순수했다. 기대감에 부풀었지만 한편으로는 두려웠다. 상처도 받았고, 그만큼 단단해졌다. 그렇게 팀장으로 사계절을 지나면서 팀장인 내 모습이 조금은 자연스러워졌다. 한 치수 컸던 옷도 제법 맞는다. 그렇게 나는 커버리고, 어느 순간 기억이 가물가물해질 것이다. 매 순간 나를 성장시켰을 경험과 감정의 조각들에 대해. 그래서 모든 것이 ~ing인 상황이지만 중간 마침표를 한번 찍어보기로 했다. ver.2.0, 3.0, 4.0…… 팀장으로 살아가는 삶의 버전은 계속 업그레이드가 되겠지만 1.0이 없으면 2.0도, 3.0도 없을 테니까.

팀장 초반의 허둥지둥하는 모습도 '나'이고, 조금 깨달은 지금의 나도 '나'이고, 한참 후에 이 글을 보며 숨고 싶을 나도 '나'이다. 지금도 역시 나다운 팀장, 팀장다운 내가 되기 위해 끊임없이 성찰과 협상을 거듭하고 있다. 이 책은 그 과정의 산물, 그리고 선물이다.

아직 조금은 큰 옷을 입고 멋쩍게 앉아 계실 신임 팀장님의 새로운 '과정'을 응원한다.